이 책을 읽다보면 나의 재테크 자서전을 읽는 느낌이 든다. 우리나라에서 월급쟁이가 경제적 자유를 얻기 위한 가장 현실적이고 구체적인 방법론을 저자 본인의 실전 경험을 바탕으로 서술하고 있다. 부동산이든 주식이든, 재테크로 부자가 되고 싶다면 이 책부터 읽고 시작하길 바란다.

박세익, 체슬리 투자자문 대표

이 책은 개인 투자자들에게 장기투자의 중요성과 마인드를 일깨워주는 데 탁월한 역할을 할 것이라 믿어 의심치 않는다. 내가 아는 디디에셋은 하루하루의 주가에 흥분하지 않는 몇 안 되는 투자자 중 한 명이기 때문이다. 이미 장기투자를 몸소 실천하고 있으며, 동시에 장기투자의 중요성을 실제로 증명하고 있는 디디에셋은 그만의 투자 정수를 이 책에 모두 담았다.

박성우, 미래에셋증권 송도WM 선임매니저

세무사로서 많은 자산가들을 만나며 느낀 세 가지 공통점이 있습니다. 본인에게 적합한 자산을 시기적절하게 취득하는 능력, 시대를 읽는 통찰력, 마지막으로 본인의 믿음대로 행동하는 실행력입니다. 그들은 과거의 경험을 통해 체득한 이런 능력으로 자산을 쌓아 왔습니다. 디디에셋님의 《월급쟁이 부의 3단계》는 이런 경험을 아낌없이 나누어주는 책입니다. 부자가 되기로 결심한 직장인들에게 좋은 길잡이가 될 것입니다.

범승규 세무사, 세무법인 숲 대표

이제는 더 이상 '투자'가 선택이 아닌 필수가 된 세상에서,《월급쟁이 부의 3단계》는 월급쟁이라는 토대 위에 부동산을 쌓고 주식을 통해 경제적 자유로 나아가는 단계별 과정이 구체적으로 담겨 있습니다. 저자가 맨땅에 헤딩하듯 주식과 부동산 시장에서 겪었던 다양한 경험들을 바탕으로 엮은 이 책은 여러분들을 단계별로 차근차근 작은 성공들을 모아 안정적이면서도 큰 부자의 길로 인도할 것입니다. 지금부터《월급쟁이 부의 3단계》를 통해 경제적 자유로 향하는 계단을 함께 올라보시죠!

수미숲, 《미국주식 처음공부》 저자, 네이버 블로그 '수미숲월드' 운영자

앞서가기 위한 가장 빠르고 현실적인 방법은 나와 비슷한 상황에서 성과를 낸 주변 사람에게 노하우를 듣는 것입니다. 우리는 대부분 회사를 다니고 집에서도 할 일들이 많지요, 이런 상황에서 '직장인 투자자'이자 '한 가족의 가장'인 선배가 담담하게 13년간의 투자 경험을 들려준다면 일단 들어보는 게 이득 아닐까요?

저자 디디에셋님은 직장인이자 부동산투자자, 주식투자자여서 3가지 분야를 한 책에서 파악할 수 있다는 게 큰 장점입니다. 성공 경험에서는 노하우를, 실패 경험에서는 오답노트를 담담하게 풀어주셨는데요, '월세/전세입자 낀 아파트 입주 물건 만들기' '임대사업 장단점' 등

실전투자자만이 들려줄 수 있는 여러 이야기들을 원칙 속에 엮어 내주셨습니다.

단순하게 투자법을 설교하는 게 아니라 직장인으로서 몸값 올리기의 중요성이나, 지금 당장 가질 수 있는 마인드세팅/바람직한 투자자의 태도 등도 비중 있게 다뤄주셔서 균형 있는 투자자로 자리 잡기를 희망하는 멋진 투자 선배의 응원을 받을 수 있습니다.

지난 몇 년간의 유동성장이 끝나면서 투자에 대한 관심이 식어버린 분들, 최근 자산시장 변동성이 커지면서 '역시 투자는 내가 할 게 아니야'라고 생각하는 분들께 이 책을 추천합니다. '포기하지 말고 이 선배 말 한 번 들어볼래?'라고 말이에요.

애나정, 《미국주식 처음공부》 저자, 네이버 경제 인플루언서

이론이 없는 경험은 맹목적이고 경험이 없는 이론은 지적인 놀이에 불과합니다. 《월급쟁이 부의 3단계》는 저자의 생생한 투자경험 위에 쌓은 이론과 관점을 균형 있게 풀어냈습니다. 성공뿐만 아니라 실패 경험을 함께 담아냈기에 투자세계의 변동성으로 방황하거나 투자 실패로 방향을 잃은 투자자들에게 든든한 길잡이가 될 책입니다.

투자이너 JSK, 네이버 경제 인플루언서

《월급쟁이 부의 3단계》는 자본주의에서 월급쟁이로 경제적 자유를 이루고자 하는 이들에게 길잡이가 되어줄 필독서입니다. 저자는 부동산, 주식에서 수많은 실패들을 이겨내고 자산을 100배 불리는 데 성공했습니다. 이 책은 독자들에게 자본주의 이해를 통한 기반 마련부터 부동산 실전투자와 미국 주식시장의 기회를 활용한 성장 전략까지, 선명하고 확실한 가이드라인을 제공합니다. 오랜 경험을 바탕으로 쓰여진 이 책은 독자들이 월급쟁이를 넘어 성공적인 투자자로 거듭나는 데 도움을 줄 것입니다. 적극 추천합니다.

토니리치, 네이버 경제 인플루언서

부자가 되고 싶으세요? 두꺼운 나무를 쓰러뜨리기 위한 도끼질을 할 때 필요한 건 'Just Do It'이 아닙니다. 필요한 건 날카롭게 도끼를 가는 것이지요. 부자가 되기 위한 길에서 무작정 도끼질만 하고 있다면 100년은 더 걸릴 겁니다. 아니, 불가능에 더 가까울지도 모릅니다. 바닥에서 정상까지, 월급쟁이가 부자 될 수 있는 날카로운 도끼를 이 책에서 발견할 수 있습니다. 이 책에는 월급쟁이로서의 직장생활 및 직장의 활용에서부터 주식투자, 부동산투자, 부자 마인드까지, 부자가 되기 위한 모든 지식과 경험들이 총망라되어 있습니다.

From the Bottom to the Top! 다음 차례는 당신입니다.

월급쟁이 부자 되기의 길에서 날카롭게 도끼를 가는 일의 시작은 이 책을 읽고 체화하는 일입니다. 월급쟁이 부자 되기 길의 첫발을 내딛길 바랍니다.

Black Sheep Wall, 네이버 투자 블로거

제로부터 차근차근 시작하는
월급쟁이 부의 3단계

제로부터 차근차근 시작하는

월급쟁이
부의 3단계

디디에셋 지음

트러스트북스

STEP 1
월급쟁이로 자본주의 사회에서 살아남기

STEP 2
쉬운 부동산 투자로 안전자산 깔아두기

STEP 3
적극적인 주식투자로 고수익 노리기

SEPCIAL STEP
월급쟁이가 부자가 되는 마음가짐

저자와의
인터뷰

꿈이 꿈에만 머물지 않고,
현실이 되게 하는 위대한 첫걸음!

인터뷰어 _ 기획총괄 윤장래
인터뷰이 _ 디디에셋

출간을 위한 마무리가 진행중이던 어느 화창한 봄날, 저자이신 디디에셋님과 만났다. 이 책과의 만남을 앞둔 독자들의 이해를 돕기 위해 궁금했던 내용들을 물었고, 디디에셋님은 허심탄회하게 자신의 생각을 이야기해 주셨다. 그 중 중요 부분을 요약·정리했다.

Q 안녕하세요. 인터뷰에 응해주셔서 감사합니다. 먼저 가장 궁금했던 부분을 여쭙겠습니다. 자본주의에서 부자가 되기 위하여, 직장인들은 어떤 생각과 목표를 가지고 살아야 할까요?

A 《부자 아빠 가난한 아빠》의 저자 로버트 기요사키는 대부분의 사람들이 '생쥐 레이스'를 하고 있다고 말했습니다. 실제로 대다수의 월급쟁이들은 소득이 올라간 만큼 지출을 늘리고, 또 다른 청구서를 갚기 위해서 다시 일터로 돌아가 일을 해야 하는 무한한 과정 속에서 살고 있습니다. '영원히 벗어나기 어려워 보이는 이런 쳇바퀴에서 탈출하는 것', 이를 최우선 과제로 삼아야 한다고 생각합니다. 그것이 자본주의에서 살아남고, 부자가 되는 방법입니다.

Q '쳇바퀴에서의 탈출'이 어떤 의미인지 조금 더 자세한 설명 부탁합니다

A 정리하자면 당신의 노동이 아니라 자본이 벌어주는 돈이 충분하지 못하다면 절대로 자본주의에서 승자가 될 수 없다는 의미입니다. 초기에는 열심히 근로소득을 통해 돈을 모아야 합니다. 이 단계에서는 연봉을 높이는 데에도 많은 신경을 써야 합니다. 높은 연봉이 훌륭한 투자성과로 이어질 확률이 높기 때문입니다. 중요한 것은 근로소득으로 번 돈을 소중하게 여기는 자세입니다. 이 돈들이 향후 당신을 자유롭게 만들어주는 씨앗이 됩니다. 아직 결혼하지 않은 월급쟁이들은 월급

의 최소 50%는 모으는 것이 좋습니다. 돈을 마음껏 써보고 싶은 마음은 충분히 이해합니다. 그렇지만 부자처럼 보이기 위해서 부자가 되는 길을 포기하면 안 됩니다.

Q 근로소득으로 돈을 모았다면 본격적으로 어떻게 투자하는 것이 좋을까요?

A 처음에는 당장 고수익을 볼 수 있는 투자처에 모은 돈을 다 투자하고 싶겠지만 그 반대가 되어야만 합니다. 초기에는 최대한 작게 투자하여 안정적으로 불려나가는 전략이 좋습니다. 아직 충분한 공부가 되지 않은 상황에서 섣불리 투자를 했다가는 큰 손실을 볼 수 있기 때문입니다. 자금을 분산만 잘하면 초기에 크게 망할 걱정은 하지 않아도 됩니다.

그리고 자신의 현재 상황을 잘 점검하여, 어떻게 하면 '1주택자'가 될 수 있는지 고려해 보셨으면 합니다. 선택이 아니라 필수라 생각합니다. 집 한 채는 있어야 추후 재테크를 하는 데 튼튼한 기반이 됩니다. 집을 먼저 사는 것은 더욱 공격적인 투자를 하기 위해서도 반드시 필요합니다. 집을 산다는 것은 내 땅이 생긴다는 의미입니다. 그 땅에 두 다리를 단단하게 고정시켜야 추후 위험자산을 살 때 멘탈이 흔들리지 않습니다. 나무가 위로 뻗어가려면 먼저 뿌리가 튼튼해야 합니다.

Q. 주식과 부동산을 함께 투자하는 이유는 무엇인가요?

A 주식과 부동산 모두에 투자하는 이유는 포트폴리오를 다양화하고 수익을 극대화하는 좋은 방법이 될 수 있기 때문입니다. 두 자산군의 성격이 너무나 다르기 때문에 대부분의 투자자들이 한 곳에만 집중하곤 합니다. 부동산을 선호하면 주식을 멀리하고, 주식을 선호하면 부동산과 담을 쌓는 식이죠. 그러나 두 자산군 모두에 대한 이해가 있다면 오히려 둘의 단점을 보완하며 더욱 안정적인 투자가 가능합니다.

부동산 전세 레버리지 투자는 2년마다 세입자로부터 보증금을 올려 받습니다. 따라서 안정적인 현금 흐름이 생기게 됩니다. 동시에 부동산 가치의 장기적인 상승으로 인플레이션에 대한 헤지 수단이 될 수 있습니다. 주식의 경우 부동산투자보다 더 높은 수익을 거둘 수 있는 가능성이 있습니다. 그러나 단기적으로 더 높은 수준의 위험을 수반합니다. 주식시장은 다양한 경제적, 정치적 요인에 따라 가격이 급격하게 변동하기 때문입니다. 따라서 먼저 안정적인 부동산투자를 깔아둔 이후, 초과 수익을 얻는 주식투자 전략은 위험과 보상의 균형을 맞추는 효과적인 방법이 될 수 있습니다. 먼저 임대 부동산에 투자함으로써 포트폴리오의 기반을 탄탄하게 만들고, 추후 주식에 투자하면 심리적으로 흔들리지 않는 투자가 가능해집니다. 두 자산군의 사이클이 다르기 때문에 어느 한 쪽이 저평가라고 판단되면 나머지 한 쪽을 팔아서 저가에 매수하는 전략도 효과적일 수 있습니다.

Q 저자님의 투자전략을 좀 더 자세히 설명해 주실 수 있나요?

A 저는 지난 13년의 경험을 통해서 저에게 최적화된 투자전략을 가져가고 있습니다. 우선은 직장을 다니면서 끊임없는 현금 흐름을 만드는 것은 기본입니다. 자산으로 본다면 제 경우는 부동산 자산이 주식 자산보다 많은 편입니다. 주식이 단기간 변동성 장세에 들어가더라도 부동산 자산이 더 많으니 단기적 손실도 버틸 수 있습니다.

덩치가 큰 부동산을 먼저 바닥에 깔아두면, 주식에서는 원하는 수익률을 얻기 위해 성장주에 집중투자하고 기다리는 전략이 가능해집니다. 경우에 따라서는 레버리지 ETF 등에도 투자합니다. 레버리지 ETF는 변동성이 더 심하지만, 이 역시 충분한 시간을 두고 투자한다면 중장기로 보유가 가능합니다. 즉, 안정과 변화를 동시에 추구하는 토탈전략이라고 말씀드리고 싶습니다.

Q 변동성을 무서워하는 투자자나, 부동산을 아직 구축하지 못한 투자자들은 어떻게 대처하면 좋을까요?

A 지름길이 가장 좋지만, 지름길만 길은 아닙니다. 울퉁불퉁

한 길이 마음에 걸린다면 잘 닦인 길을 천천히 그리고 안전하게 가는 것도 좋습니다. 필수가 아닌 선택의 영역입니다. S&P500이나 나스닥100 ETF로 장기간 투자해도 충분합니다. 이는 역사적으로 가장 완벽한 투자라고 할 수 있습니다. 장기로 보유할수록 손해 보기가 점점 더 어려워지기 때문입니다. 비교적 짧은 시간 내에 경제적 자유로 가는 방법은 아니겠지만, 시계열만 충분히 둔다면 승리할 수밖에 없습니다. 그렇기 때문에 최대한 일찍 투자를 시작하는 것이 중요합니다.

Q 저자님의 경우 어떻게 자산을 100배로 불렸는지 궁금합니다

A 결론부터 말하자면 기회가 왔을 때 용기를 낸 것이 가장 중요했고, 주효했습니다. 저는 실패에서 배우면서 기회를 잡은 케이스입니다. 2011년부터 국내 주식에 투자했고, 2018년 말쯤 뼈아픈 경험을 한 바 있습니다. 이때 모든 것을 잃었습니다. 신용 매매로 인한 반대매매가 터지는 바람에 전액 손절을 치면서 깡통을 찼습니다. 그나마 다행이었던 점은, 2016년부터 부동산투자를 시작한 덕분에 모든 자산을 잃어버리진 않았다는 것입니다. 그리고 소량 빼놓았던 해외주식이 2018년 말 이후 급등하면서 제자리로 돌아가는 것을 보았습니다. 해외주식은 정보가 전무했기 때문에 그냥 누구나 들어봤을 법한 1등 기업을 사놓았었습니다. 한국에서 투자했던 시총 1,000억 미

만의 중소형주보다 훨씬 회복력이 좋은 것을 보고 크게 깨달았습니다. '이래서 유명한 투자자 구루들이 모두 1등 주식을 사서 장기투자 하라고 말하는구나' 하고 말입니다.

그렇게 큰 교훈을 얻고 1년이 지나서 2020년 초 코로나 펜데믹이 터졌습니다. 정신을 못 차릴 정도로 급격한 하락이었지만, 스스로 멘탈을 엄청 다독였던 기억이 납니다. 2018년의 하락장에서 얻은 '결국 우량자산을 끝까지 쥐고 버티면 다시 회복된다'는 교훈을 기억했습니다. 그리고 과감한 승부를 걸었습니다.

은행으로 달려가 추가 신용대출을 받았습니다. 그리고 가진 임대주택들을 모두 부동산에 매물로 내놓고, 겨우겨우 한 채를 팔아 현금을 확보했습니다. 이전 직장에서 받은 퇴직금 계좌도 해지 후 주식계좌로 옮겼습니다. 확보된 현금으로 미국과 중국의 우량주식을 마음껏 담았습니다. 시장이 회복될 때 더욱 큰 자산 상승을 위해서는 변동성이 크더라도 용기를 낼 필요가 있다고 판단했습니다. 그렇게 주식자산은 2년 후 10배로 불어났습니다. 지난 10년 동안 벌었던 금액보다 훨씬 큰 성과였습니다.

Q   그런 성과를 낼 수 있었던 이유는 무엇일까요?

A   제 생각에는 운이 좋았다고 생각됩니다. 그러나 운도 준비된

자에게 오는 것이라고 생각한다면 두 가지 덕분이 아니었나 싶습니다.

첫째는 자산시장의 기회를 알아볼 수 있는 직관이 생길 때까지 끊임없이 공부하고 경험을 쌓았던 것입니다. 투자를 제대로 하겠다고 마음먹었던 순간부터 모든 취미는 다 그만두고 오직 재테크 공부만 했습니다. 시장은 무서운 곳이라 그렇게 공부를 해도 10년 동안 기회를 주지 않았습니다.

한때는 '왜 나에게는 기회가 오지 않을까' 절망하기도 했습니다. 그러나 지나고 나서야 주변의 누군가는 기회로 삼았다는 사실을 깨달았습니다. 기회는 자주 옵니다. 그 기회를 잡기 위해서는 끊임없는 공부가 필요하다고 생각하고 지금도 열심히 공부하며 하루를 살아가고 있습니다. 그리고 단순한 지식뿐 아니라 나름의 많은 경험도 필요합니다. 정작 필요한 순간에 용기를 낼 수 있는 힘은 경험에서 온다고 믿습니다. 그러므로 우리는 시장에 계속 남아 경험을 쌓아야 합니다.

둘째는 분산을 통해 어려운 시장에서도 살아남았다는 것입니다. 주식 못지않게 부동산 역시 투자금 대비 좋은 성과를 보였지만, 시장이 안 좋을 때는 안전자산인 부동산이 제 투자 멘탈이 흔들리지 않도록 많은 도움을 주었습니다. 덩어리가 큰 자산이 안정적으로 버텨준 결과, 극심한 변동성 장에서도 꾸준하게 주식을 저가 매집할 수 있었습니다.

'자산 분산'은 기회가 올 때까지 시장에서 버티게 해주는 힘이 됩니다. 경제는 언제나 호황기와 불황기가 반복하여 나타나며, 시장에서 살아남아 버티다보면 기회는 반드시 옵니다. 짧은 시간에 큰돈을 벌기 위해 무리하게 욕심을 내다가 시장에서 퇴출이라도 당해버리면, 정작 기회가 왔을 때 투자할 자금이 없어 낭패를 보고 말 것입니다. 투자자들은 항상 생존을 먼저 염두에 두어야 함을 기억하시기 바랍니다.

Q 마지막으로 하락장에서는 어떻게 자산운용을 하고 계신지 궁금합니다

A 저는 과거 100년간 이어져온 자산시장의 우상향은 향후 100년에도 동일할 것이라 생각합니다. 시장에는 언제나 위험이 도사리고 있고, 경제는 시간을 두고 호황과 불황을 반복합니다. 22년부터 시작된 경기불황은 시간이 지나면서 더 많은 부자들을 탄생시킬 것입니다. 따라서 위기를 위기로만 볼 게 아니라 어떤 기회가 있는지 시각을 바꿔보는 지혜가 필요합니다. 저 역시 저렴한 가격에 더 많은 자산을 보유하기 위해 노력하면서 시간을 보내고 있습니다. 불황에는 역시 노동소득이 더욱 소중함을 느낍니다. 월급쟁이 투자자가 가진 최대 장점입니다.

평범한 월급쟁이가 자산을 100배로 불린 '부의 공식' 3단계

이 책은 나의 수많은 실패담에 대한 대가다. 수차례 큰 손실을 보며 자본주의에 대한 깨달음을 얻고, 자산가로 성장해 나가는 과정을 담은 치열한 기록이다. 당신도 이 책의 내용을 참고하여 삶에 적용한다면 반드시 경제적으로 여유 있는 삶을 살 수 있다.

월급쟁이가 경제적인 자유를 이루려면, 우선 내 몸을 사용해 벌어놓은 돈 역시 열심히 일을 시켜야 한다. 그 돈은 주식이나 부동산이라는 자산이 되어 내 노동력과는 별개로 열심히 돈을 벌게 된다. 그리고 어느 순간부터는 돈이 나보다 더 일을 잘하게 된다. 돈만큼 일을 잘하는 녀석은 세상에 존재하지 않는다. 이 얼마나 간단한 법칙인가! 하지만 그 방법을 몰라서 과거의 나처럼 고생하는 수많은 월급쟁이들을 위해서 이 책을 기획하게 되었다.

내가 생각하는 월급쟁이들을 위한 '부의 공식 3단계'는 이렇게 요약할 수 있다.

> **월급쟁이를 위한 부의 공식 3단계**
> - **1단계:** 직장인이라면 내 몸값을 당장 높여 종잣돈 모으는 기간을 단축하라
> - **2단계:** 안정적인 부동산 투자로 아파트를 깔아두라
> - **3단계:** 위험자산 주식투자로 초과수익을 달성하라

위의 공식 3단계는, 월급쟁이가 부자의 꿈을 이룰 수 있는 가장 현실적이며 가능성 높은 부의 법칙이라 생각한다. 어느 한 곳에서 예상을 뛰어넘는 소위 초대박이 터져 한 번의 성공으로 부자의 반열에 오를 수 있다면 좋겠지만, 동화 속 이야기와 현실은 많은 차이가 있다. 현실에 맞는 플랜을 짜고 차근차근 쌓아가야 단단한 성공을 거둘 수 있고, 쉽게 무너지지 않는 진짜 부자가 될 수 있다.

나는 이 방법으로 자산을 100배 이상으로 불렸고, 더 멋진 미래에 대한 꿈은 현재도 진행형이다. 당신이 꿈만 가진 월급쟁이가 아니라, 현실에 발을 딛고 노력으로 극복하려는 의지로 가득하다면 이 책에서 제시하는 방법을 꾸준히 실천, 실현해 보길 바란다.

💲 나는 빨리 부자가 되고 싶었다

나는 돈이 좋았다. 그냥 빨리 부자가 되고 싶었다. 첫 회사에 입사후 월급이 나오기도 전에 저축 포트폴리오를 모두 구축해 놓았다. 적금과 보험, 펀드로 골고루 나눠서 자동이체를 예약해 놓았다. 월급이 나오면 70%는 적금과 펀드 투자로 보내고 나머지 30%만으로 생활했다. 금리를 1%라도 더 주는 곳을 찾으려고 회사 부근에 있는 제2금융권 은행들을 찾아다녔다. 직장인이 되어서도 내 용돈은 여전히 월 30만 원이었다. 쓸데없는 지출을 거의 하지 않는 짠돌이로 살았다.

회사생활도 열심히 했다. 좋은 학벌은 아니지만 대학생 때 열심히 공부한 덕분에 국내 대기업에 취직할 수 있었다. 좋은 선배를 만나 초년생부터 회사에서 비중 있는 역할을 맡아 일할 수 있었다. 사람들에게 인정받고 돈도 열심히 모으고 있으니 내 인생은 성공인 것만 같았다. 그러나 그 생각은 오래가지 않았다. 회사의 업황은 날이 갈수록 기울어 연봉 상승이 매우 더뎠다. 게다가 열심히 모은 1년 적금의 만기 때 손에 쥐는 건 정말 코딱지만 한 이자가 붙여진 원금이었다. 아버지처럼 30년을 넘게 근무해도 절대 부자가 될 수 없을 것 같았다.

더 많은 돈을 벌고 싶었다. 그래서 직접투자를 해야겠다고 다짐했다. 부동산에 투자하자니 모아둔 돈이 없고 나 같은 직장인이 빨리 자산을 불리려면 주식투자가 가장 적당해 보였다. 누구나 그렇듯이 첫 투자는 매우 심혈을 기울였다. 온갖 금융사의 자료와 신문, 뉴스를 섭렵하여 처음으로 매수한 종목은 금호석유였다. 약 40%의 수익을 내며 투자의 기쁨을 알게 되었다. 내가 일하지 않아도 돈을 벌게 된 귀중한 경험이었다.

그렇게 첫 수익은 너무나 달콤했지만 결론적으로는 독잔이었다. 나는 몇 개월 투자로 40%의 수익을 냈는데 네이버 증시 토론 게시판에서는 온갖 무용담이 가득했다. 그때 처음으로 테마주라는 것을 알게 되었다. 매일 상한가를 치는 종목들이 눈에 들어왔다. 빨리 돈을 벌고 싶은 욕심에 급등주, 테마주를 건드리기 시작했다. 첫 투자에서 수익을 거둔 나는 지나치게 용감했고 무서울 게 없었다. 그러나 충분히 내공이 쌓이지 않은 나와 같은 초보투자자는 주식시장에서 너무나 좋은 먹잇감이었다.

💲 나는 너무나 많은 시행착오를 겪었다

잘 오르던 주식은 내가 사기만 하면 내렸다. 무슨 일을 하는 기업인지도 모르는 저가주에 투자했다가 상장폐지를 당하기도 했다. '돈이 휴짓조각이 된다'는 말이 뼈저리게 실감났다.

하지만 돈을 잃으면 잃을수록 더욱 오기가 생겼다. 잃은 돈 때문에 내 머릿속은 우선 손해부터 빨리 회복해야 한다는 생각으로 가득했다. 기업의 가치를 평가하고 충분히 오를 때까지 기다릴 시간이 없었다. 빠른 시간에 돈을 벌 수 있는 단타매매에 더욱 빠져들었다. 실시간으로 차트 볼 시간도 부족한데 제대로 주식 공부를 할 시간이 있을 리 없었다. 그럴수록 손실은 반복되었고 자산은 줄어들어 갔다.

자본주의에 대하여 제대로 된 철학이 없으면 남의 말에 쉽게 흔들리기 마련이다. 한번은 지인의 추천으로 비상장 주식에 투자할 기회가 있었다. 대단한 기술을 가지고 있지만 자금이 충분하지 않아서 빛을 못 보고 있는 신생 벤처기업이었다. 솔깃해진 나는 적금을 해약하고 지인들과 함께 투자조합 4개에 나눠서 투자를 시작했다. 결론적으로 아직 그 돈을 하나도 돌려받지 못했다. 자금을 모집했던 회사 대표가 금융 사기범으로 구속되었기 때문이다. 그렇게 또 한 번의 투자 실패를 경험했다.

나는 부자가 되고 싶었지만 그 방법을 터득하기까지 너무나 많은 시행착오를 겪었다. 회사를 위해 최선을 다하면 나도 부자가 될 거라고 순진하게 믿었다. 그러나 아무리 열심히 일해도 나에겐 매달 계약된 만큼의 월급과 적은 금액의 보너스만 주어질 뿐이었다. 게다가 그렇게 열심히 일해서 번 나의 소중한 돈을 제대로 공부도 하지 않고 아무 곳에나 맡겨두었다. 투자로 돈을 불려야 한다는 사실은 알았지만 제대로 된 방법은 전혀 몰랐다.

우리는 자본주의 속에서 살고 있다. 자본주의는 부채로 만들어진 사회다. 그래서 끊임없이 돈을 찍어내야 한다. 무한대로 풀리는 돈은 우리가 노동력으로 번 현금의 가치를 계속 끌어내리고 있다. 현금의 가치가 떨어지는 세상에서는 생존 방식이 따로 있다. 열심히 돈만 벌어서는 안 된다. 벌어온 돈의 가치를 지켜야 할 의무가 있는 것이다.

돈을 가만히 두면 가치가 떨어지지만, 희소성이 있는 자산으로 바꾸면 그 가치를 지킬 수 있다. 우리는 이런 행위를 '투자'라고 부른다. 하지만 많은 사람들이 이런 일에는 관심이 없다. 당장의 만족을 위해서 귀중한 돈을 소비하는 데 정신이 팔려있다.

물론 미래의 안정을 위하여 현재의 만족을 포기하는 것은 어려운 일이다. 하지만 남들이 쉽게 못하는 일이기에 더욱 가치가 있다. 많은 사람들이 현재 충분히 풍족한 것처럼 생활하고, 또한 그렇게 보이기를 원한다. 그래서 비싼 옷을 입고, 멋진 엠블럼이 그려진 외제차를 타고 다닌다. 그런 모습이 자신의 가치를 높여준다고 착각하기 때문이다.

그러나 사실은 그런 생활패턴이 자신의 미래를 암울하게 만들고 있다는 것을 모른다. 남들에게 부자처럼 보이기 위한 행동들이 오히려 경제적인 자유로부터 나를 멀어지게 하는 주범이다. 언젠가는 자신이 자본주의의 법칙을 무시하고 살아왔다는 현실에 큰 충격을 받을 때가 올지도 모른다.

💲 실패를 딛고 자산을 100배로 성장시키다

나는 아직 누구나 인정할 만한 충분한 부자가 되었다고는 생각하지 않는다. 여전히 그 길을 걸어가는 중이며 점점 더 나은 성과를 만들어내기 위해 지금도 매일 노력한다. 이 책에는 월급쟁이로 살면서 그동안 자산을 모으며 내가 겪은 과정을 상세하게 담았다.

1부에서는 몸으로 버는 근로소득 외에도 투자라는 행위가 반드시 필요한 이유를 상세하게 설명했다. 그럼에도 불구하고 근로소득 역시 중요하며 이는 종잣돈을 모으기 위한 필수임을 강조했다. 월급쟁이가 더 빨리 경제적인 자유를 이루려면 몸값을 올려야 한다. 이 또한 당연한 논리이며, 월급쟁이라면 꼭 알아야 한다.

2부와 3부에서는 월급쟁이가 열심히 일하면서도 부동산과 주식에 투자할 수 있는 가장 쉬운 방법을 써놓았다. 2부에서는 월급쟁이가 왜 부동산을 가져야 하는지 설명했다. 월급쟁이라 하더라도 퇴근시간과 주말만 효과적으로 활용해도 누구나 부동산에 투자할 수 있다. 이곳에 부동산이라는 안전자산을 깔아두는 방법론을 제시했다.

3부에서는 안정적인 부동산을 기반으로 초과수익을 조금 더 거둘 수 있는 주식투자 방안을 다루었다. 기본적으로 종목을 고르는데 있어서 반드시 고려해야 할 사항을 요약·정리했다. 그리고 월급쟁이가 가장 쉽게 주식에 투자할 수 있는 방안도 확인할 수 있다. 이 방법을 잘 기억하고 따라 한다면 당신도 충분히 회사 일과 투자를 병행할 수 있을 것이라 확신한다.

그러나 부자가 되기 위한 가장 중요한 준비물은 마음가짐이다. 아무리 좋은 기술을 가졌더라도 쓰는 이의 마음이 흔들린다면 제대로 된 실력 발휘는 요원한 일이 되고 만다. 그래서 4부에서는 자산가로 성장하기 위해 필요한 나만의 철학을 담아보았다. 자본주의를 살아가는 데 적합한 마음가짐을 담고자 노력했다.

월급만으로는 부자가 되기 어려운 세상이다. 투자의 필요성은 잘 알지만 도대체 어떻게 시작해야 하는지 방법을 몰라 고민하는 분들이 많다. 그런 사람들을 위해 투자를 조금이라도 더 경험해본 입장에서 내가 가진 노하우를 이 책에 최대한 많이 녹여 놓았다. 처음 투자를 시작하는 분들에게는 많은 어려움이 따를 것이다. 그러나 요즘은 적은 노력으로도 성공할 가능성이 과거보다 높아진 세상이라고 생각한다. 시도조차 하지 않은 채 포기하는 사람들이 너무 많기 때문이다. 기꺼이 어려운 길을 선택하고 발걸음을 뗀 것만으로도 반은 이룬 셈이다.

이 책이 뿌연 안개를 거둬내고 앞길을 밝게 비추는 계기와 출발점이 되기를 바란다.

디디에셋

STEP 1

월급쟁이로
자본주의 사회에서
살아남기

직장인이라면 내 몸값을 당장 높여
종잣돈 모으는 기간을 단축하라!
노동력에 의존한 수입만으로는 안정적인 노후를 설계할 수 없다.
그렇다고 노동의 중요성을 애써 폄하할 필요는 없다.
초기의 노동소득은 반드시 필요하고 매우 중요하기 때문이다.
복권에 당첨되지 않는 한 돈이 하늘에서 거저 떨어지는 경우는 없다.
투자에 필요한 종잣돈을 모으기 위해서라도
노동은 필수불가결이다.

1장

나는 나이를 먹어도 폼나게 살고 싶다

"나이를 먹어도 폼 나게 살고 싶다!"

많은 사람들이 공감할 말이라 생각한다. 나는 이 책을 집필하는 시기에도 여전히 자산을 사고 모으고 불려가고 있다. 늙어서 비참하게 살고 싶지 않아서다.

현재 직장생활을 하면서 충분한 돈을 모으고 있다고 생각하는가? 지금처럼 열심히만 한다면 충분한 부를 이룰 수 있다고 생각하는가? 그래서 노후에 아무 걱정 없이 살 수 있다고 생각하는가? 이 질문에 어떤 대답이 떠오르는가?

혹시라도 질문이 어려워 답이 떠오르지 않는다면 질문을 바꿔보겠다. 지금 받는 월급이 너무나 충분해서 먹고 사는 데 전혀 지장이 없는가?

아마도 많은 월급쟁이들이 이 질문에는 '아니오'라고 대답할 것이다. 우리 모두는 이미 알고 있다. 월급만으로는 생활이 빠듯하다는 사실을…. 시간이 흘러 부양할 가족에 대한 비용까지 더해진다고 생각하면 그 막막함에 머리가 지끈거릴지도 모른다. 많은 사람들이 성실하게 일하고 꼬박꼬박 월급을 받는다. 그런데도 대부분은 돈에 대한 걱정에서 자유롭지 못하다.

'남부럽지 않은 직장에서 뼈 빠지게 일하는데, 돈은 왜 항상 부족한가?'

이 질문은 자본주의를 살아가는 우리에게 어쩌면 가장 중요한 질문일 수 있다. 그리고 허투루 지나가서는 안 될 말이기도 하다. 자본주의 게임에서 승리자가 되기 위해서는 기본적으로 알아야 할 개념이 있다. 바로 화폐가 끊임없이 늘어나고 있다는 사실이다. 어떤 물건이 흔해진다는 것은 어떤 의미일까? 사람들은 왜 모래는 거들떠보지도 않으면서 다이아몬드는 귀하게 여길까? 모래는 어디에나 널려 있지만 다이아몬드는 그렇지 않기 때문이다. 이와 같은 이치로 돈 역시 끊임없이 찍어내면 돈 자체의 가치가 계속 떨어지기 마련이다.

💲 돈의 가치는 시간이 갈수록 떨어진다

나의 어린 시절인 1990년대, 빼빼로 하나의 가격은 200원이었다. 그런데 지금은 추억의 빼빼로 맛을 다시 보고 싶다면 동전만으로는 곤란하다. 지폐와 동전을 합쳐 편의점 주인에게 1,300원을 건네야 한다. 30년 전보다 재료가 좋아졌기 때문일까? 당연히 그렇지 않다. 그냥 시간의 흐름처럼 물가가 자연스럽게 올랐기 때문이다. 그때와 지금을 비교하면 격세지감이 느껴지지만, 물가를 따라가면서 살아온 시간 동안, 가격 상승은 너무나 당연한 일이었다. 가격 상승을 우리가 당연시하는 이유는 시간이 지날수록 발생하는 인플레이션 때문이다. 이 과정에서 기본적으로 돈의 가치는 끝없이 떨어진다.

인플레이션의 근본 원인은 중앙은행의 돈을 찍어내는 윤전기가 쉴 새 없이 돌아가기 때문이다. 화폐의 양이 늘어나면서 가치가 떨어지고, 이는 곧 구매력의 하락을 불러온다. 인플레이션은 자본주의의 가장 큰 특징이다. 과거에도 있었고, 지금도 계속되고 있고, 미래에도 이어질 것이다. 이 사실은 매우 중요하다. 우리가 현재 보유한 현금이 미래에는 지금보다 덜한 가치밖에 인정을 받지 못한다는 뜻이기 때문이다. 돈이 일하지 않고 멈추면 내일은 오늘보다 반드시 가난해질 수밖에 없다. 이것이 바로 자본주의의 속성이다.

그런데 인플레이션이 내 돈의 가치를 떨어뜨리는 현상이 과연 나쁘기만 한 것일까? 그렇지 않다. 인플레이션과 반대되는 개념을 '디플레이션'이라고 한다. 통화량이 증가하지 않고 오히려 감소하는 현상을 말하는데, 어쩐지 세계경제는 오히려 디플레이션을 훨씬 더 무서워하고 경계한다.

디플레이션이 발생하면 물가가 내려간다. 당장은 내 돈의 가치도 올라간다. 아니 당장은 올라가는 것처럼 느껴진다고 표현하는 것이 더 맞겠다. 더 큰 문제가 연이어 발생하기 때문이다.

디플레이션이 덮치면 사람들은 지갑부터 닫는다. 오늘보다 내일이 더 싼데 굳이 오늘 서둘러 물건을 살 필요가 없다. 지갑을 닫고, 참으면 참을수록 더 싸게 살 수 있다. 문제는 이제부터 발생한다. 우리는 소비자 편에서만 생각하지만 문제는 반대편에서 일어난다. 가계에서 돈을 쓰지 않으니 기업의 수익이 줄어든다. 수익이 줄어드니 기업은 더 이상 투자를 늘릴 이유가 없어진다. 또한 제품을 생산해도 살 사람이 없으니, 기업활동 속도가 점차 느려진다. 기업활동의 저하는 실업률 상승으로 이어지며 경제는 침체기에 들어선다.

그래서 각국의 정부와 중앙은행은 적절한 인플레이션이 일어나도록 유도한다. 인플레이션이 너무 심하지도, 그렇다고 완전히 꺾여서 디플레이션이 일어나지도 않도록 균형추를 잡는다. 균형은 좋지만 경로에서 심하게 벗어나버리면 어느 쪽이든 탈이 나기 마련이다. 2022년부터 우리는 경로를 벗어나도 한참 벗어난 인플레이션 때문에 많은 고통을 받고 있다.

적절하기만 하다면 자본주의에서 인플레이션은 필수불가결의 요소이고, 그로 인해 물가는 끊임없이 상승할 수밖에 없다. 직장인의 임금도 마찬가지다. 1982년 아버지의 첫 월급은 27만 원이었다고 한다. 2022년의 통계청 자료에 따르면 직장인 평균 월급은 320만 원이다. 40년 전 아버지의 월급이 지금은 하룻밤 술값 정도밖에 안 된다.

이러한 현상은 미래에도 똑같이 반복될 것이다. 지금 당신이 회사에서 힘들게 일하면서 받은 월급이 40년 후에는 하룻밤 술값 정도밖에 되지 않을 가능성이 크다. 상황이 이렇다면 월급쟁이로서 인플레이션을 기꺼이 받아들이는 자세가 필요하다.

💲 부의 에스컬레이터 이론

돈의 가치가 지속적으로 떨어지는 상황 속에서 우리는 무엇을 해야 할까? 아무 일도 하지 않는다면 내 돈의 가치는 계속 하락하고, 구매력도 떨어질 것이다. 즉 돈을 가만히 놔둔다면 나와 내 가족은 시간이 지날수록 생존에 위협을 받을지도 모른다. 이런 위기의식이 느껴진다면 우리에게 남은 선택지는 하나뿐이다. 바로 '투자' 행위다.

가장 대중적인 투자로 주식과 부동산을 들 수 있다. 내 돈을 주식이나 부동산으로 바꾸는 행위, 그것이 바로 투자의 기본이다. 이 행위를 통해 내 돈의 가치를 지킬 수 있다. 왜일까? 오늘도 윤전기가 돌아가면서 돈의 가치가 떨어지고 있기 때문이다.

돈을 주식과 부동산으로 바꾸는 이유는 진행되는 경로가 서로 다르기 때문이다. 좋은 회사의 주식은 한정적이다. 주식은 발행량이 정해져 있다. 부동산도 마찬가지다. 실물자산인 부동산은 무한정 늘릴 수 없다. 좋은 입지에 있는 부동산일수록 더욱 그렇다. 주식과 부동산은 이런 속성을 타고 장기적으로 가격이 오른다.

투자는 현명한 행위다. 가치가 떨어지는 재화를 버리고, 가치가 오를 수 있는 재화를 취하기 때문이다. 이렇게 단순명료한 진리를 따르지 않을 이유가 없다.

주식이나 부동산과 같은 자산을 소유하는 개념에 대해 좀 더 쉽게 접근해 보자. 지하철역의 에스컬레이터를 타면 직접 걷지 않아도 일정한 속도로 위나 아래로 움직일 수 있다. 올라가는 방향의 에스컬레이터는 자본주의 특징인 인플레이션과 같다. 부동산이나 주식을 소유하고 있다는 건 위로 가는 에스컬레이터에 올라타 있는 셈이다. 물가상승률과 비슷한 속도로 자산의 가격이 오를 확률이 높다. 혹은 인플레이션 대비 내 자산의 상대적인 가치가 훨씬 커질 수도 있다. 지키는 것을 넘어서 말이다. 단지 자산을 보유만 하고 있었을 뿐인데 상대적으로 현재 삶의 수준이 유지될 수 있다.

이와 반대로 현금만 보유한 사람은 에스컬레이터에 타지 않은 경우다. 열심히 일을 해서 받은 월급을 현재의 가치로만 고정시켜 놓았다. 현금은 스스로 불어나는 성질이 없다. 금고에 백만 원을 아무리 오래 보관한들 단 1원도 불어나지 않는다. 그러나 경제는 끊임없이 돌아가고, 에스컬레이터도 멈추지 않고 계속 움직인다. 에스컬레이터에 타지 않았다면 올라가는 에스컬레이터를 우두커니 지켜만 봐야 한다. 제자리를 지키고 있다고는 하지만 사실은 상대적으로는 점점 더 낮은 위치로 이동하는 셈이다.

만약 자산이 아닌 부채를 샀다면 어떻게 될까? 먼저 부채의 의미를 정의할 필요가 있다.《부자 아빠 가난한 아빠》의 저자 로버트 기요사키의 표현을 빌리자면, 부채란 계속해서 현금 지불을 발생시키는 자산이다. 가장 좋은 예가 자동차다. 자동차를 보유함으로써 보험료나 관리비, 주유비 등의 지속적인 지출이 발생한다. 이렇게 부채를 가진 사람은 그렇지 않은 단순 현금 보유자보다 재산가치가 훨씬 빠르게 떨어진다. 불행하게도 아래로 내려가는 에스컬레이터에 탑승한 경우다. 윗방향의 에스컬레이터를 탄 사람들과는 더 빠른 속도로 멀어진다.

에스컬레이터는 위건 아래건 한번 잘못 타면 중간에 갈아탈 수 없다. 자본주의에 대해서 무지하다면 자칫 자신도 모르는 사이에 엉뚱한 방향의 에스컬레이터에 타게 될지도 모른다. 그리고 다시금 그 격차를 되돌리는 데 상당한 시간과 노력이 소요된다.

아직도 노동만을 신성시하면서 정당한 투자행위를 투기로 오해하고 있다면 먼저 그 생각부터 과감히 깨부술 필요가 있다. 현금 보유는 결코 좋은 선택이 아니며, 그렇다고 무턱대고 부채를 사는 행위는 더더욱 피해야 할 최악의 선택이다.

자본주의를 살아가면서 성공적으로 안착을 하려면 필연적으로 일어나는 인플레이션에 대비해야 한다. 아끼고 모으는 것만이 능사는 아니다. 이 치열한 생존게임에서 살아남으려면 내 돈이 일하도록 엔진을 가동해야 한다.

2장
2023년 新 개미와 베짱이

〈개미와 베짱이〉라는 이솝 우화는 너무나 유명한 이야기이다. 봄부터 가을까지 내내 열심히 일한 개미와 매일 누워서 노래만 부르던 베짱이, 겨울이 되자 한 해의 성적표가 배달된다. 열심히 먹이를 모은 개미는 따뜻한 겨울을 보내지만 베짱이는 굶어 죽고 만다.

예로부터 '성실함'은 항상 소중한 덕목으로 여겨졌다. 〈개미와 베짱이〉 이야기가 아직도 널리 회자되는 걸 보면 지금도 그 믿음이 크게 흔들리는 것 같지는 않다. 하지만 요즘에는 그 믿음에 균열이 가는 경우도 심심치 않게 일어나는데, 내 주변에 그런 사례가 있다. 나와 투자에 관해 많은 이야기를 나누는 사람이기도 하다.

그 지인에게는 친척 어르신이 두 분 계시는데 어느덧 모두 50세를 훌쩍 넘기셨다고 한다. 개개인의 삶은 누구나 존경받을 가치가 있지만 자본주의 관점에서만 본다면 두 분의 삶은 너무나도 다르다. 평가도 달라질 수밖에 없다.

A는 대학을 졸업하고 일반 중견기업에서 일했다고 한다. 1997년에 터진 IMF 때도 잘 버티던 직장이었지만 2000년 닷컴버블이 무너지면서 30대 중반의 나이에 강제로 은퇴를 당했다. 그러나 그전까지 모은 돈으로 서울에 아파트 한 채를 구매했다. 회사에서 잘린 이후로는 별다른 직업도 없었고, 단기간 아르바이트만 하면서 벌어놓은 돈을 야금야금 사용하면서 20년을 보냈다고 한다.

한편 B는 성인이 된 이후부터 현재까지 정말 안 해본 일이 없을 정도로 열심히 살았다고 한다. 직장생활도 A보다 오래 했고 퇴사 후에는 창업을 하여 자기 사업에 몰두했다. 그런데 사업에 자금을 대느라 자기 명의의 집을 갖지 못했다. 그렇게 사업에 올인하다 보니 A와 똑같이 20년이 흘렀다.

지난 20년, 누가 더 열심히 살았다고 할 수 있을까? 우리가 '성실함'이라는 가치의 중요성을 믿는다면 당연히 베짱이 같은 A보다 개미 같은 B의 손을 들어줄 것이다. 그러나 현실은 반드시 동화처럼 흘러가지 않는다. '그래서 지금은 누가 더 잘살고 있는가?'라고 묻는다면 대답이 달라질 수 있다.

서울에 아파트 1채를 보유한 A가 훨씬 안정적인 노후를 즐기고 있다. A의 아파트는 10억이 훌쩍 넘는 가치로 바뀌었고 향후 재건축 프리미엄이 부각될 경우에는 한 번 더 점프가 예상된다. 그러나

B는 정말 열심히 살았지만 사업이 제대로 풀리지 않았다. 전셋집을 전전하며 점점 수도권에서 멀어지고 있다고 한다.

💲 자본주의에서 자산의 가치는 노동보다 높다

인생에 만약은 없다지만, 만약 B의 사업이 잘 풀렸다면 A보다 넉넉한 노후가 보장됐었을 수도 있다. 세상이 만만하다면 동화처럼 일정 수준 열심히 살기만 하면 해피엔딩으로 결말이 나야 한다. 그러나 세상은 동화와 같은 기승전결이 아니다. 그저 열심히, 정말 쉬지 않고 열심히 일만 하며 살았어도 빈손의 나그네 신세일 수도 있다.

그리고 더 큰 문제는 내일이다. B처럼 나이를 먹다보면 나의 노동력이 시들어가고 있다는 사실을 절감하게 된다. 오늘은 어찌어찌 버텨도 '내일은 어떻게 하나' 하는 걱정이 주름살을 더욱 깊게 만든다.

2020년 통계청이 발표한 '1인당 생애주기적자'를 참고하면 대한민국 국민은 인생을 살면서 오직 27세부터 61세 사이의 34년 동안만 흑자를 본다. 이 시기에만 노동소득이 소비보다 높아지며 이를 제외한 나머지 기간에는 소비가 노동소득보다 많다. 즉 흑자보다 더 긴 적자 인생이다.

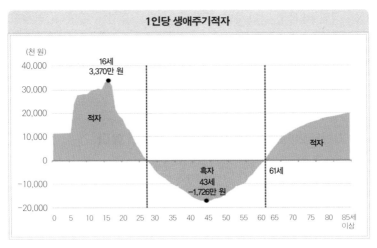

1인당 생애주기적자

(천 원)

16세
3,370만 원

적자

흑자
43세
−1,726만 원

61세

적자

*2020년 국민이전계정 기준

노동을 통해 열심히 소득을 올렸지만 자산을 사지 않았던 B는 남은 삶을 더욱 걱정해야 하는 처지다. 극단적으로 표현하면 A는 놀았고 B는 일을 했다. 그러나 A에게는 넉넉한 노후가 기다리고 있고, B는 노후가 무거운 짐처럼 삶을 짓누른다. 다시 한 번 강조하지만, A는 놀았고 B는 일했다. 장장 20년을 말이다.

이 사례를 통해 자본주의에서 자산을 보유하지 않는 것이 얼마나 큰 위험요인으로 되돌아오는지 알 수 있다. 현대 자본주의를 살아가는 우리가 반드시 타산지석으로 삼아야 한다. 언젠가 내가 직면할 수도 있는 문제이기 때문이다.

현재 대한민국은 일본보다 빠른 속도로 고령화 시대로 접어들고 있다. 2050년에는 일본에 이어 노인 비율이 세계 2위까지 치솟

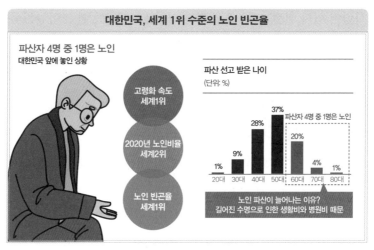

출처: 조선닷컴 인포그래픽스팀

을 것으로 예상된다. 단순히 노인이 많아지는 현상보다 더 큰 문제
가 있다. 대한민국의 노인 빈곤율이 OECD 평균의 4배로 세계에
서 1위라는 사실이다. 점점 길어지는 수명은 더 많은 생활비와 병
원비를 필요로 한다. 이로 인하여 파산자 4명 중 1명이 노인이라는
현실이 잔인하게 다가온다. 돈이 없는 노후는 재앙이다.

　현실의 삶에 집중하다 보면 현재가 영원히 지속될 것이라는 착
각에 빠지기 쉽다. 노동력도 마찬가지다. 젊으면 젊을수록 지금의
노동력이 별 탈 없이 영원할 것이라는 생각에서 빠져나오기 어렵
다. 노동을 통한 수입으로 그때그때 필요한 소비를 하면 된다고 낙
관적으로 생각한다. 하지만 갑자기 지구가 멈추지 않듯 당신의 노
동력도 언젠가는 반드시 그 생명력을 다 하게 된다. 세월을 이기는

사람이 어디 있겠는가? 그 시기가 다가왔는데 그동안 모아놓은 돈이 충분치 않다면 어떻게 될까?

부모의 경제력이 약하다면 자녀 역시 돈 때문에 고생할 확률이 높아진다. 아이에게 작은 전세집이라도 해주자니 본인이 말년에 가난할 것 같고, 나몰라라 하자니 아이는 전세난민이 되어 2년마다 이사를 다녀야 할 판이다. 준비 없이 미래를 맞이하는 사람에게는 이런 일이 반드시 일어나게 된다.

3장
사직서를 품고 사는 당신에게

노동력에 의존한 수입만으로는 안정적인 노후를 설계할 수 없다. 그렇다고 노동의 중요성을 애써 폄하할 필요는 없다. 초기의 노동소득은 반드시 필요하고 매우 중요하기 때문이다. 복권에 당첨되지 않는 한 돈이 하늘에서 거저 떨어지는 경우는 없다. 투자에 필요한 종잣돈을 모으기 위해서라도 노동은 필수불가결이다.

투자된 자산에서 발생하는 소득이 내 생활수준을 충분히 감당할 수 있기 전까지는 노동을 통해 현금흐름을 발생시켜야 한다. 나는 2016년부터 부동산을 집중적으로 매입하면서 잠깐 전업투자자로 전향하고 싶다는 생각을 한 적이 있다. 부동산을 언제든지 시세보다 싸게 매입할 수 있다는 자신감이 있었고, 향후 2년마다 갱신하는 전세금이 당시 받던 연봉보다 훨씬 더 많아지리라 생각했다.

투자한 아파트가 10채를 채우면 매년 5채에서 최소 1억 원의 현금 흐름이 가능해 보였다. 당시의 내 연봉이 세후로 5000만 원 정도였기 때문에 회사를 그만두어도 큰 문제가 되지 않을 것이라 착각했다.

💲 투자자에게도 노동이 필요한 이유

그러나 현실은 만만치 않다. 투자라는 것이 항상 내 마음처럼 된다는 보장이 없기 때문에 안전장치는 항상 마련해 두어야 한다.

2018년, 내가 전세 레버리지로 투자한 지역에 공급 물량이 갑자기 늘어나는 상황이 발생했다. 신축 물량이 갑자기 늘어나면 주변 아파트는 전세가부터 떨어진다. 신축이 완공되면 전세입자를 구해서 중도금을 갚는 사람들이 많기 때문이다. 사람들이 신축을 선호하기 때문에 상대적으로 구축 아파트는 경쟁력을 잃는다. 이런 조정 기간은 1년 넘게 지속되기도 하는데, 이때 예전에 계약했던 전세 만기가 돌아와도 보증금 시세가 오르지 않는 경우도 많다.

나 역시 임대를 주었던 아파트의 전세가가 2년 전보다 낮아지면서 세입자에게 돈의 일부를 돌려주며 재계약을 해야 했다(2023년에도 이런 기조가 이어질 수 있다고 생각한다). 이렇게 투자의 혹한기가 발생했을 때 일정하게 들어오는 현금흐름이 없다면 난감해진다. 투자에서 나온 수익금으로 생활비를 쓰는 전업투자자의 경우라면 더욱 어려운 상황으로 내몰릴 수도 있다. 우선 현금을 마련하기 어렵기 때문이다. 이처럼 돈이 들어오던 통로가 갑자기 막혀버리면 현금을 마련하기 위해 자산을 매각해야 할 수도 있다. 부동산 시장에서 전세가의 약세가 매매가의 약세로 이어지는 것은 이런 이유 때문이다.

주식투자도 마찬가지다. 주식의 변동성은 부동산을 훨씬 뛰어넘는다. 특히나 한국처럼 신흥국 주식시장은 작은 악재에도 주가 조정이 크게 일어난다. 한번 심리가 얼어붙으면 투매가 나오는 경우도 허다하다.

나 역시 10년 동안 주식에 투자하면서 무수한 이벤트를 만나 숱한 조정장을 겪었다. 그리스와 영국이 EU를 탈퇴할 때도 조정을 받았고, 북한이 핵실험을 하거나 미사일을 날려도 조정을 받았다.

세계에서 가장 안전한 자산으로 평가받는 미국 주식도 별반 다르지 않다. 미 연준(FED: 연방준비위원회)이 금리를 많이 올리면 조정을 받고, 물가가 너무 높게 나와도, 채권에서 변동성이 크게 나와도, 혹은 중국과의 패권 전쟁이나 유명인의 트윗 한 줄에도 주가는 출렁거린다.

이렇게 흔들리는 자산을 장기로 보유하기 위해서는 심리적 안전장치가 반드시 필요하다. 따라서 생활하는 데 모자라지 않을 만큼의 충분한 현금흐름은 투자의 수레바퀴를 안정적으로 굴러가게 하는 피난처 역할을 한다.

만약 2020년 초 코로나 팬데믹 때처럼 경기가 예상치 못한 악재를 만나 급격한 하강 국면으로 고개를 숙이면 어떻게 될까? 만약 내가 투자로 생활비를 버는 전업투자자라면 어땠을까? 상가 임대를 준 상황에서 임차인이 셧다운으로 인하여 월세를 낼 형편이 안 된다면?

당시는 전 세계 증시가 폭락을 거듭하면서 트레이딩으로 돈을 벌기가 매우 어려운 시기였다. 당장 나와 가족의 생활에 필요한 돈이 없는데 평온한 마음으로 장기투자가 가능할까?

이처럼 경제의 자연스러운 하락 국면이든 갑작스러운 상황이든, 일정한 현금흐름을 창출해 내는 노동소득과 투자를 병행하는 것은 조정의 시기를 버티게 하는 힘이 된다. 이는 주기적인 소득이 주는 축복이라고 할 수 있다.

그렇다면 노동소득의 유효기간은 얼마로 잡아야 할까? 물론 정답은 없지만, 우선 투자한 자산이 충분히 자라날 시간이 필요하다. 주의할 점은 자산의 크기가 커졌을 때 사직서를 내서는 안 된다는 사실이다. 그 자산에서 현금흐름이 발생해야 한다. 총자산의 크기가 수십억이 되었어도 거기에서 현금흐름이 발생하지 않으면 자산을 팔아야만 현금을 마련할 수 있다. 이런 사태는 피해야 한다.

혹자는 생활비 마련을 위해 자산을 파는 것이 문제될 게 없다고 말할지도 모르겠다. 그만큼 남아 있는 자산을 빠른 속도로 증식시키면 되니까 말이다. 물론 어느 정도 맞는 말이다. 그러나 자산이 항상 상승하는 엘리베이터만 타는 것은 아니다. 산이 있으면 골이 있는 법이다. 경제위기가 와서 내가 보유한 모든 자산의 가격이 하락하고 있을 때는 자산을 싼 가격에 판다는 결정이 매우 어렵고 고통스러울 수 있다. 투자 관점에서도 이치에 맞지 않다.

그렇기 때문에 당신이 자신 있게 마음에 품은 사직서를 내도 되는 시기는 자산이 만들어내는 현금흐름이 노동소득보다 더 커졌을 때다.

이 단계까지 가는 데에는 제법 많은 시간이 필요하다. 아직 그 단계에 이르지 못했다는 생각이 든다면 사직서는 고이 품 안에 넣어두라. 조금 더 노동소득으로 안정적인 현금흐름을 만들면서 자산이 자라날 시간을 확보해야 한다. 천리 길도 한 걸음부터라고 했다. 운이 좋아 상승기에 돈을 좀 벌었다고 해서 소중한 노동을 버려서는 안 된다. 그 경솔한 행동이 공든 탑을 일시에 무너뜨리는 뼈아픈 실수가 될지도 모른다.

4장
직장인이라면 당장 몸값부터 높여라!

나는 더 많은 돈을 벌고 싶었다. 2018년 첫 번째 직장을 관두고 이직을 한 이유는 순전히 높은 연봉 때문이었다. 이직한 회사의 장점은 일하는 시간에 비례하여 추가수당이 나온다는 점이었다. 비록 사랑하는 아이들과 보낼 수도 있는 소중한 시간을 돈과 맞바꾸는 결정이었지만, 내 의지의 크기에 따라 더 많은 월급을 받고 싶었다.

열심히 일해 노동소득을 올려야 하는 시기에는 내 가치를 최대한 높여 더 많은 현금 흐름을 만들 필요가 있다. 특히 막 투자를 시작하는 사람일수록 회사에서 나오는 월급을 절대 무시해서는 안 된다.

특히 당신이 직장인이라면 자기 몸값을 높이는 방법을 충분히 고민해야 한다. 당신이 아파트나 주식에 투자해서 안정적으로 월

소득을 만들어내려면 과연 얼마만큼의 자산을 소유해야 하는지 계산해 보라. 대략 매월 500만 원의 소득이 필요하다고 가정한다면 1년에 6천만 원의 소득이 자산에서 발생해야 한다. 배당소득이나 월세에 대한 세금이 없다고 가정 후 순수하게 6천만 원의 소득이 나오려면 얼마나 많은 돈이 필요할까? 연 4%의 배당주에 투자한다고 해도 15억이라는 돈이 필요하다. 물론 지금은 은행이자가 높아져(2022년 11월 기준) 상황이 다르기는 하지만, 기준금리 인상 등 위기 시가 아닌 평상시의 은행이자를 가정한다면, 2%로 계산했을 때 30억이라는 자금을 예치해야만 1년에 6천만 원의 이자가 나온다. 세금까지 고려하면 6000만 원 연봉을 받는 월급쟁이는 그 몸값이 30억이 넘는다는 의미다.

💲 몸값의 차이가 머지않아 자산의 격차로 이어진다

노동으로 벌어들이는 소득은 무조건 많을수록 좋다. 당연한 이야기다. 단순히 연봉이 높을수록 능력도 좋다는 말은 아니다. 소득이 늘어날수록 여유자금은 곱절로 늘어나기 때문이다. 각 가정의 월 수입에 따라서 매월 투자할 수 있는 종잣돈이 얼마나 차이가 나는지 확인해 보자. 소비 수준이 비슷한 네 가족이 있다고 가정한다. 맞벌이하는 가정만 아이들 보육비로 400만 원을 더 쓴다고 보면 다음과 같은 예상이 가능하다.

- **A가정**: 30대 외벌이 직장인. 월수입 600만 원, 고정지출 500만 원, 월 여유금 100만 원.
- **B가정**: 30대 외벌이 의사. 월수입 1200만 원, 고정지출 600만 원, 월 여유금 600만 원.
- **C가정**: 40대 대기업 맞벌이. 월수입 1500만 원, 고정지출 900만 원, 월 여유금 600만 원.
- **D가정**: 40대 전문직 맞벌이. 월수입 3000만 원, 고정지출 1000만 원, 월 여유금 2000만 원.

A가정과 D가정의 월수입은 5배 차이가 나지만, 여유금(투자를 위한 종잣돈)은 무려 20배 차이로 벌어진다. 벌이가 커진다고 씀씀이가 비례해서 커지지는 않는다. 똑같이 하루 세 끼 밥을 먹고, 1번 옷을 갈아입는 등 월수입이 5배 늘어난다고 소비도 5배나 늘어나지 않기 때문이다. 따라서 매월 버는 돈에서 나가는 돈을 제외한 여유금은 월수입이 많을수록 곱절로 늘어나게 된다.

게다가 예상치 못한 사고로 목돈이 들어가는 일이 발생한다면 A가정은 여유금은커녕 적자를 걱정해야 하는 수준이다. 다음 달 월급이나 인센티브로 적자를 메워야 하는 일이 벌어질 테고, 그렇게 되면 또 다음 달 여유금이 줄어드는 악순환이 반복된다.

상대적으로 여유금이 넉넉한 D가정의 경우는 매월 투자를 누적

하여 자산을 모아갈 수 있다. 앞으로도 현금흐름에 문제가 딱히 없다면 여유로운 장기투자가 가능할 것이다. 이렇게 탄탄한 월 소득을 바탕으로 투자하는 사람은 어설프게 단기로 고수익을 노리다가 쪽박을 차는 일도 없다. 좋은 주식을 사놓고 장기로 묵히니 돈을 벌 확률이 아주 높다.

결국 노동력으로 벌어들이는 현금의 차이가 단기적으로는 종잣돈의 차이, 장기적으로는 자산의 차이로 이어질 확률이 높다. 우리가 몸값을 높이기 위해서 부단히 노력해야 하는 이유다.

전통적인 땅부자, 금수저의 자식들은 열심히 공부하지 않아도 먹고사는 데 아무 지장이 없다. 그러나 신흥 부자들은 자식들을 의사나 법조인 등 전문직으로 키우기 위해서 노력한다. 돈이 넘칠 정도로 많은 자산가가 아니라면 상대적으로 빠르게 부자가 되는 길은 전문직이다. 이를 통해 현금 창출능력을 크게 늘릴 수 있다. 그러다 보니 자연스럽게 교육환경이 중요해졌다. 학군이 좋은 곳으로 돈 있는 사람들이 몰리게 된다. 현재 강남이나 목동, 분당 등 학군지의 집값이 비싼 이유다.

그렇다면 지금 연봉이 높은 대기업에 다니지 못하고 있다면, 이번 생은 부자 되기를 포기해야 하는 것일까? 절대로 그렇지 않다. '노동소득=월급'이라는 공식에서 벗어나야 한다. 어릴 적부터 좋은 직장, 높은 연봉을 향해 달려오다 보니 월급을 받는 직장인이 종착지라 착각하는 경우가 많다. 요즘은 대기업에 종사하거나 전문직이 아니더라도 얼마든지 자신만의 노하우를 이용하여 무자본 혹은 소자본으로 창업이 가능한 시대다. 사람들이 궁금해하는 어떤 특정 지식에 대한 나눔을 통해 돈을 벌 수도 있고, SNS로 사람들을 모아서 물건을 팔 수도 있다.

나 스스로 노동소득이 충분하지 않다고 생각한다면, 추가적인 소득 창출을 위해 길을 찾아나서는 간절함이 필요하다. 지식 창업이나 프랜차이즈 창업 등 내 노동력이 들어가서 추가적인 소득을 마련할 수 있다면 어떤 방법이든 좋다.

현금흐름을 발생시키고 종잣돈을 모으는 방법이 반드시 월급일 필요는 없다. 어떤 방법이든 내 자산에서 나오는 소득이 충분해지기 전에는 할 수 있는 가능한 모든 노동력을 동원하여 많은 소득을 만들 필요가 있음을 기억하자.

5장

월급쟁이도 회사를 이용하자

10여 년 전 신입사원 시절, 같은 부서에서 근무했던 선배 한 분이 있었다. 50이 가까워진 그는 회사에서 도태되지 않기 위해 매사에 최선을 다하는 것처럼 보였다. 승진에 도움이 되는 영어공부도 열심히 했고, 남들보다 일찍 출근해서 야근도 밥 먹듯이 했다. 그것도 모자라서 주말에도 기꺼이 출근하여 일했다. 20년이 넘도록 근무하는 동안 얼마나 많은 시간을 회사에 쏟아부었을까. 어떻게 저렇게 열정적으로 일할 수 있는지 존경스러울 정도였다. 그의 직급은 부장이었지만 위에서 작은 지적이라도 나오면 손수 자신이 직접 해결해야 직성이 풀리는 사람이었다. 사실 손수 해결하는 그 선배의 모습은 후배 입장인 나로서는 조금 부담스러웠다. 대부분의 다른 후배직원들 역시 그랬을 것이다.

하루는 회식 자리에서 선배에게 직접 물었다.

"선배님, 왜 이렇게 열심히 일하십니까? 무엇이 선배를 이렇게 일에 몰두하게 만드는 건가요?"

가만히 듣던 선배는 채워진 소주잔을 비우며 말했다.

"다 가족들 때문이지 뭐……"

충격이었다. 열정이 뜨겁다 못해 부글부글 끓어오르는 듯했던 선배의 행동이 노예근성에 가깝다는 사실을 알게 된 순간이었다. 선배는 오랫동안 회사에서 버텨야 했다. 그래서 자신의 고과나 평가에 부정적일 수 있는 윗선의 지적에 굉장히 민감했던 것이다. 그는 많은 스트레스를 받았을 것이다. 회사에서 잘리는 것에 대한 두려움이 컸던 것 같다. 자식들이 아직 대학을 안 갔기 때문에 최대한 오래 버티고자 했다. 대학 등록금이라도 회사에서 받고 싶었기 때문일 것이다. 회사를 그만두면 당장 먹고살 길이 끊긴다. 목돈이 들어가야 할 상황에서 회사의 지원도 받지 못한다. 그러다 보니 철저하게 말 잘 듣는 회사원으로 살 수밖에 없었던 것이다.

💲 스스로 노예가 될 필요는 없다

주변을 보면 삶의 주도권을 회사에 완전히 빼앗긴 사람들이 너무나 많다. 회사가 정해 놓은 시간에 출근해서 시키는 일을 하면서 하루의 대부분을 보낸다. 회사에게 내 시간을 온전히 상납한 대가로 매월 급여를 받는다.

물론 월급쟁이가 다들 이렇게 무기력하고 수동적인 것은 아니다. 직장생활을 통해서 자기계발을 하며 자신의 직업적 소명을 소중히 생각하는 사람들도 많다. 그러나 대부분은 자신을 위해서가 아니라 가족들의 생존, 즉 돈을 목적으로 회사를 다닌다는 것이 문제다. 이런 사람들은 가장 안전한 방식으로 회사를 다닌다. 더도 말고 덜도 말고 중간만 가자는 식이다. 나는 이것이 진짜 삶의 주도권을 빼앗긴 것이라 생각한다. 어디에서도 주도권을 잡을 수 없는 삶이다.

상사의 눈 밖에 날까봐 자신의 의견을 피력하지도 못하는 분들을 많이 봐왔다. 그저 윗사람의 기분을 맞춰주기 바쁘다. 그런데 실제로 높은 직급까지 올라간 사람들을 보면, 대체로 경제적인 여유가 있는 편이다. 사람은 돈이 있으면 없는 자신감도 생긴다. 옳다고 생각하는 자신의 의견을 밀어붙일 줄 알고 그것을 추진할 수 있는 실행력도 있다. 이런 사람들이 회사에서 더 인정받는 경우를 많이 보았다. 상관들은 자신을 대신해서 일을 잘 이끌어가는 후배를 좋아하기 때문이다.

그러나 돈 때문에 회사를 다니는 사람은 이렇게 행동하지 못한다. 혹시 실수라도 하여 해고되면 생존이 위협받기 때문이다. 이처럼 회사생활이 생존과 직결되면 그저 회사가 하라는 대로만 하는 자발적 노예가 된다.

나는 회사생활 역시 주도적이어야 한다고 생각한다. 나와 회사를 공정하게 고용인과 피고용인이라고 생각한다. 마음속으로는 나와 회사를 철저한 'Give & Take' 계약관계라고 생각하면 좋다. 게으름을 피우라는 의미가 아니다. 매년 계약된 연봉만큼 열심히 일하되, 나 자신이 회사 일에만 매몰되지 않는 것이다.

스스로의 미래를 대비하는 데에 시간을 할애하는 것이 더 효율적인 삶이라고 생각한다. 너무 회사만을 위한 충성심 넘치는 직원이 될 필요는 없다. 회사가 누군가의 노후를 끝까지 책임져주는 것을 본 적 있는가? 회사 역시 나의 쓰임새 만큼에 해당하는 돈을 주고 나를 고용한 것에 불과하다. 나의 쓸모가 다 되었는데도 월급을 꼬박꼬박 주는 일은 없다.

회사 근무가 본인의 발전에 도움이 된다면 기꺼이 열심히 일해라. 그러나 나를 고용해 주었으니 내 삶을 통째로 가져다 바치는 무조건적인 충성은 지양할 필요가 있다. 당신을 지켜주는 것은 당신 외에는 아무도 없다. 이 사실을 명심하자.

💲 그들이 만들어 놓은 틀에서 탈출하자

'일만 열심히 하면 돈은 따라온다.'

직장인뿐만 아니라 많은 사람들이 철썩같이 믿는 말 중 하나다. 나 역시 30대 초반까지 이 말을 믿으면서 살았다. 그러나 아무리 일을 열심히 해도 회사에서 주는 월급은 정해져 있었다. 신기하게도 회사에서 주는 월급은 저축하고 생활비로 쓰다보면 늘 빠듯했다. 어떻게 이렇게 기가 막히게 딱 맞춰서 주는지 신기할 정도였다. 그러나 회사 입장에서는 이만큼만 돈을 주는 것이 당연하다. 일을 열심히 하지 않아도 먹고 살 만하다면 누가 열심히 일하겠는가? 일할 사람이 없으면 기업이 돌아가지 않는다. 그렇기에 이 사회는 계속 당신에게 돈을 쓰게 만들 것이고, 그 돈을 쓸 수 있는 만큼만 월급을 줄 것이다. 그렇게 이 사회의 톱니바퀴가 돌아간다.

나는 회사에 들어와 연수를 받으면서 의아했다. 남들이 부러워하는 대기업의 연수생활을 두 번이나 겪었으나 어느 곳도 경제나 재테크에 대한 교육이 없었기 때문이다. 사람을 데려왔으면 잘살게 만들어줘야 하는 것이 기본 아닌가? 그런데 왜 경제에 대한 상식을 하나도 가르쳐주지 않는지 궁금했다. 시간이 지나서야 대부분의 연수교육은 회사에 대한 충성도를 올리기 위해 기획되었음을 깨달았다. 이것이 의미하는 바는 다음과 같다.

"회사에 들어온 이상 회사를 위해서 열심히 일만 하라!"

회사는 당신이 최고의 퍼포먼스를 뽐내주기를 바랄 뿐이다. 당신이 충분한 돈을 벌어서 여유롭게 사는 것에는 전혀 관심이 없다.

회사생활을 하다 보면 "내 사업을 한다는 마음으로 일하라"는 말을 가끔 듣는다. 주인의식을 가지고 일하라는 뜻이다. 하지만 자본주의에서 회사의 주인은 주주다. 고참이 시키는 일 때문에 밤 늦게까지 야근하는 당신이 아니다. 당신이 회사원으로서 열심히 일해 만들어낸 성과는 주주들의 몫이다. 연봉은 매년 평균적으로 5% 정도만 올라가지만, 주가는 상방이 무한히 열려 있다는 것이 그 증거다.

우리는 그들이 만들어 놓은 틀 속에서만 갇혀 있으면 안 된다. 다시 한번 강조하지만 회사에서 월급 루팡으로 살라는 이야기가 절대 아니다. 내 연봉을 높이려면 주어진 일은 반드시 완수하는 모습을 보여주어야 한다. 주어진 일은 열심히 하되 대가로 받는 월급을 미래의 투자소득을 위한 주춧돌로 사용해야 함을 잊지 말자. 회사가 우리를 이용해서 이윤을 창출하는 단체라면, 우리 역시 회사를 이용할 필요가 있다. 당신이 이 커다란 시스템 속에서 노동력만 제공하다가 쓰임이 다하면 버려지는 삶을 살지 않기를 진심으로 기원한다. 노동소득은 정말 중요한 것이지만, 그렇다고 내 삶의 주도권을 빼앗기는 일은 없어야 한다.

6장
재주는 남이 넘고, 돈은 내가 챙긴다

'레버리지 효과'라는 말을 들어보았을 것이다. 경제학에서 레버리지 효과란 타인이나 금융기관으로부터 차입한 자본으로 투자를 하여 이익을 발생시키는 것을 말한다. 빌린 돈을 지렛대(Lever) 삼아 이익을 창출한다는 의미에서 '지렛대 효과'라고도 한다. 비단 우리가 지렛대 삼을 것은 자본만이 아니다. 이 사회를 살아가려면 무엇이든 레버리지 하는 것에 익숙해질 필요가 있다. 자본주의를 지배하는 지배층은 모두 이 레버리지를 활용해 돈을 벌고 있다는 사실을 잊어서는 안 된다.

먼저 자본주의의 중추라고 할 수 있는 기업들은 어떻게 돈을 벌까? 기업들은 대표적으로 사람을 레버리지 한다. 앞서 언급했듯이 월급쟁이들은 회사에서 매월 일정한 돈을 받는다. 회사는 직원들이 창출하는 수익의 일부를 월급으로 제공한다. 그렇기 때문에 직원들이 창출하는 이익은 인건비로 나가는 비용을 제외하고도 충분히 많아야 한다. 그렇지 않으면 회사는 이익을 얻기 어려워지고, 직원을 고용해야 할 이유도 사라진다. 즉 회사는 월급쟁이 직원을 고용하여 일을 시키고 그가 창출해내는 가치보다 적은 임금을 준다. 회사는 직원을 고용했다는 이유만으로 직원이 만들어낸 가치에서 인건비와 비용을 뺀 이익을 가져간다.

우리가 자주 이용하는 은행도 마찬가지다. 은행은 남의 돈으로 돈을 버는 대표적인 업종으로 예대마진(예금과 대출의 이자 차액)을 활용한다. 사람들이 은행에 적금, 예금 등으로 돈을 맡기면 은행은 이자를 준다. 돈에 이자까지 주면서 남의 돈을 안전하게 맡아주는 이유가 뭘까? 은행이 자선사업가이기 때문일까? 절대 그렇지 않다. 사람들이 은행에 돈을 맡기면 은행은 그 돈을 자기가 주는 이자보다 더 많은 이자를 받고 다른 사람들에게 대출해 준다. 이렇게 은행은 중간에서 창구 역할만 하면서 예대마진으로 돈을 번다. 자기가 가진 돈이 아니라 고객들이 맡긴 돈을 이용하여 돈을 버는 것이다. 최고의 레버리지 활용 사례다.

💲 내가 일하지 않고 돈을 벌려면

자본주의에서 자산가가 되기 위해서는 이러한 레버리지 효과를 극대화할 필요가 있다. 수입을 나의 노동력에만 의지하지 않고, 나아가 다른 이들이 제공하는 자금과 노동력을 이용해서 내가 돈을 벌 수 있다면 얼마나 좋을까? 그 좋은 방법이 여기 있다. 나의 노동력은 최소로 들면서 충분히 돈도 벌 수 있는 곳, 바로 주식이나 부동산이다. 내 경우는 해외주식 투자를 하면서 '해가 지지 않는 나라'를 갖고 있다는 생각을 한다.

> **해가 지지 않는 나라**
> ....
> 태양이 지지 않는 제국은 전 세계에 식민지를 가지고 있어 당시 패권을 쥐고 있던 제국을 가리키는 말이다. 16~17세기의 포르투갈 제국과 스페인 제국을 일컫는 용어에서 유래하였고, 이후 19~20세기의 대영 제국과 프랑스 식민 제국으로 그 의미가 바뀌었다.

해외주식 투자자는 해가 지지 않는 나라를 만들 수 있다. 내 돈을 유럽, 미국, 아시아 등에 분산투자하면 된다. 오전 9시부터 오후 3시 30분까지 열리는 한국시장을 거쳐 오후 5시면 유럽시장이 문을 열고, 밤에는 미국 주식시장이 문을 연다. 전 세계 여러 나라들에 돈을 투자해 놓으면 24시간 내내 증시가 릴레이로 끊임없이 이어지는 셈이 된다. 아시아, 유럽, 미국 기업들이 계속 번갈아가며 일한다. 이렇게 되면 내 자본은 24시간 내내 일하는 것이다.

주식을 소유한다는 것은 무슨 뜻일까? 기업에 돈을 대고 그 기업이 만들어내는 이윤을 나눠서 갖는다는 뜻이다. 내가 투자한 회사의 직원들이 일을 열심히 해서 회사가 이윤을 많이 내면 나에게도 많은 이득이 돌아온다. 그 기업의 주식을 산다는 것은 기업의 주인이 되는 것이다.

기업의 주인이 되면 월급쟁이 시절과는 전혀 다른 시야를 갖게 된다. 내가 근무하는 회사의 주식을 가지고 있다면 어떤 마음이 들까? 예전 같으면 나보다 성과가 좋거나 고과를 잘 받아가는 동료들에게 질투심을 느꼈겠지만, 기업의 주인이 되면 그런 생각이 전혀 들지 않게 된다. 내가 이 회사의 주인이기 때문에 열심히 일을 해주는 직원에게 오히려 감사한 마음이 든다.

비단 내가 다니는 회사가 아니더라도 전 세계의 1등 주식을 포트폴리오에 두루두루 담고 있다면 어떨까? 미국의 애플 직원들도, 중국의 알리바바 직원들도, 한국의 삼성전자 임직원들도 나를 위해서 24시간 내내 쉬지 않고 일해주고 있는 것이다.

어릴 적 보던 〈드래곤볼〉이라는 만화에서 주인공 손오공은 악당들을 물리치기 위해서 주변의 모든 생명체에서 에너지를 조금씩 나눠받는 '원기옥'이라는 기술을 사용한다. 다양한 나라의 주식을 사는 것은 이와 같은 효과를 누릴 수 있다. 그들이 나눠주는 노동력으로 나는 돈을 벌 수 있다.

부동산 투자도 마찬가지다. 내가 소유한 부동산의 임차인들은 훌륭한 레버리지가 된다. 물론 임차인들은 내 부동산 사업의 고객들이지만 여기서는 단순하게 레버리지에만 의미를 두고 설명해 본다. 그들은 나의 집에서 살면서 집을 가꿔주고, 매달 돈(전세금 대출 이자)을 나 대신 은행에 지불한다. 그러나 집값의 상승은 오롯이 집주인인 나의 몫이다. 참 희한한 일이다. 분명히 그 집에서 발생하는 대부분의 비용은 임차인이 부담하고 있는데, 돈은 집주인이 번다. 이렇게 자본주의의 법칙을 이해하고 레버리지 효과를 사용할 줄 아느냐 모르느냐에 따라 삶의 차이가 발생한다.

자본주의 세상은 나 혼자 아무리 열심히 일하고 좋은 성과를 내더라도 부자가 되기란 어렵다. 생각을 조금만 바꿔보자. 나는 미미한 노동력을 가지고 있지만 전 세계에 있는 인구 80억 명을 레버리지 한다고 말이다. 생전 얼굴도 모르는 사람들이 열심히 일해 주는 덕분에 내 주식의 가격이 오르고, 내 계좌에 배당금이 들어오고, 내가 가진 부동산의 가치가 올라간다.

당신이 이 레버리지 개념을 잘 활용한다면 인생의 경로가 급변할 테고, 부의 추월차선에 올라탈 수 있게 될 것이다. 반대로 이 법칙을 무시한다면 평생 자신의 시간을 돈과 1:1로 바꾸면서 살아야 한다. 이런 방식으로는 노동력의 한계가 다가오면 수입도 어느 순간 '뚝' 끊겨버린다.

투자의 중요성은 몇 번을 강조해도 지나치지 않다. 자본을 투자해 놓기만 해도 전과는 비교할 수 없는 삶의 변화가 일어날 것이다. 회사에서 회의할 때나, 주말에 친구들을 만나 시시콜콜한 농담 따먹기를 하고, 아이들과 놀이공원에 놀러가는 날에도 당신의 돈은 스스로 일할 것이다. 이러한 시스템은 한 번 구축해 놓기만 하면 노동소득보다 더 빠른 속도로 부를 늘려준다.

결국 월급쟁이는 최대한 빨리 돈을 모아서 주식과 부동산 등의 자산을 늘려나가는 것이 중요하다. 전쟁에서도 든든한 동맹군이 많으면 이기기 쉬운 법이다. 반장 선거에서도 나와 친한 친구들이 많으면 당선된다. 직장생활 역시 나에게 도움을 줄 수 있는 사람이 많으면 수월해진다. 자산을 늘리는 방식도 마찬가지다. 당신과 함께 돈을 벌어줄 수단을 끊임없이 늘려가자.

7장
경쟁에서 이기기가 더 쉬워진 세상

인생에서 성공을 거두기 위해 가장 필요한 1순위는 무엇일까? 주변을 살펴보면 괜찮은 퍼포먼스를 끊임없이 만들어내는 사람들이 있다. 이런 사람들은 하나같이 "비결은 열심히 노력하는 것"이라고 대답한다. 이들이 말하는 노력은 말 그대로 임계점을 넘어가는 압도적인 노력이다. 대부분의 사람들은 말로만 노력한다고 말할 뿐 진정 모든 것을 바쳐 성취를 이루는 사람은 얼마 되지 않는다. 세상에 부자가 많지 않은 이유이기도 하다.

'노오력'이라는 단어가 밈(Meme)처럼 사용된다. 그만큼 사람들이 노력의 가치를 예전만큼 인정하지 않는다. 그러나 요즘같이 그 가치가 폄훼된 세상에서도 뼈를 깎는 노력으로 성공의 반열에 오른 사람들이 많다.

성공 요인 1순위에 대한 4개국 대학생 인식 조사							(단위: %)
	재능	외모	성격	노력	부모의 재력	인맥	우연한 행운
한국	22.1	4.1	2.2	9.5	50.5	9.9	1.7
중국	45.3	7.9	10.1	12.9	12.5	10.2	1.1
일본	35.4	8.7	11.3	23.2	6.7	8.9	5.8
미국	22.9	9.9	15.1	23.4	12.1	15.3	1.3

자료: 광주과학기술원

물론 노력한다고 해서 모두가 성공하는 것은 아니다. 노력 외에도 재능, 노력을 받쳐주는 재력, 당시의 상황과 운 등 모든 것이 조화롭게 이루어져야 단단한 성공의 관문을 통과할 수 있다. 그러나 성공한 사람들은 모두 열심히 노력했던 사람이었다. 안타깝게도 요즘 한국의 젊은 사람들은 그렇게 생각하지 않고 있는 것 같다. 아래의 설문조사 결과를 참고해 보자.

위의 표는 2018년 광주과학기술원에서 공개한 내용으로, 성공 요인의 1순위에 대한 4개국 대학생의 인식조사를 나타낸 것이다. 재미있는 점은 선진국일수록 본인의 노력 여하에 따라서 성공의 가능성이 높다고 생각한다. 미국이 23.4%로 1위, 일본이 23.2%로 2위를 차지했다. 미국은 유일하게 노력이 모든 요인 중에서 1위를 차지했다. 반면 한국의 대학생들은 안타깝게도 태반이 부모의 재력이 가장 중요한 성공의 요인이라고 대답했다. 자신의 노력이 성공의 1순위라고 생각하는 비율은 9.5%에 그쳤다. 타고난 재능과 부모의 재력 또는 행운, 본인이 결정할 수 없는 사항을 1순위로 대답한 비율이 75%가 넘는다.

이 설문조사를 보면 어떤 생각이 드는가. 나는 노력하는 자에게는 어쩌면 더 좋은 현상일 수도 있다는 생각을 했다. 정말 부모의 재력이나 행운 등이 성공의 1순위라고 생각한 사람들이 저렇게 많다면 이 책을 읽고 있는 당신에게는 좋은 일이다. 부모의 재력이 가장 중요하다고 대답한 학생들은 무슨 생각으로 이런 대답을 했을까 생각해 보자.

'내 부모는 정말 돈이 많아서 난 이미 성공이 보증되어 있어요'라는 생각을 가지고 대답했을까? 그렇지 않다. 대한민국 대학생 중 부모가 물려주는 돈으로만 평생 먹고 살 수 있을 확률은 5%도 한참 못 미친다. 그렇다면 대부분의 대학생들은 이렇게 대답한 셈이 된다.

"나는 부모님이 물려준 게 없어서 성공하기 힘들어요."

완전한 전의상실이다. 앞으로 사회에 나와서 당신과 피 터지게 경쟁하게 될 사회 초년생의 50%는 이미 전의를 상실한 상태다. 이미 마음속으로 패배를 받아들이고 있다. 이들은 더 나은 미래를 향해 계획을 세우고 한 걸음씩 전진할 용기가 없다. 앞으로 이들은 아무런 시도조차 하지 않으면서 계속 변명할 핑곗거리만 찾고 있을 것이다. '나는 운이 없어서, 이끌어 줄 인맥이 없어서, 재능이 없어서'라고 말이다.

물론 정말 모든 조건이 갖춰진 사람도 있다. 행여나 그렇게 좋은 조건에서 시작하는 사람이 있다고 해도 잊어버리자. 나는 내 인생을 살아야 하니까 말이다.

어쨌든 축하한다. 당신은 경쟁에서 이길 확률이 높아졌다. 이렇게 지레 겁을 먹고 포기한 사람이 많다는 것은 무슨 의미일까. 당신이 조금만 더 공부하고 그 내용을 바탕으로 올바른 길을 가고자 한다면 충분히 남들보다 앞서나갈 수 있다는 뜻이다. 이미 경쟁자의 75%는 자신의 노력과 그들이 만드는 인맥 등을 믿지 못하고 있다. 이런 사람들과 얼마든지 경쟁할 수 있고, 부족한 점은 노력으로 극복할 수 있다고 믿는 사람은 그 삶의 밀도가 다르다. 행여나 노력하는 당신에게 그들이 어떤 말을 하더라도 귀를 기울일 필요가 없다.

물론 노력의 방향은 중요하다. '큰 부자'로 방향을 잡았다면 먼저 자본주의를 배우고 이해하고 익숙해져야 한다. 안정적인 직장에서 열심히 일만 하면서 그 안에 머물기보다는 세계 경제가 어떻게 돌아가는지 많은 관심을 기울여야 한다. 이처럼 올바른 방향과 노력을 병행해야만 한다.

세계 최고 부자의 반열에 오른 테슬라(TESLA)의 창립자 일론 머스크는 일주일에 80~100시간 일에 몰두하라고 조언했다. 그렇게 한다면 40시간 일하는 사람들이 1년 걸릴 일을 4개월 만에 마칠 수 있다고 얘기했다. 세계 최고의 부자도 이렇게 매일 노력을 한다. 많은 사람들이 노력하지 않는 세상에서 치열하게 살라는 그의 조언은 더욱 마음에 와닿는다.

8장
종잣돈으로 고민하는 분들에게

젊은 시절 돈에 대하여 어떤 태도를 취할 것인가 하는 문제는 개개인의 선택일 뿐이다. 다만 내가 지적하고 싶은 것은, 당신이 특별한 재능도 없는 보통 사람이라면 당신 호주머니에 돈이 쌓이는 법칙은 단 하나라는 사실이다. 먼저 몸값을 올려 나가면서 최대한 절약하고 최대한 먼저 모아라. 그러면 먼저 쌓일 것이다. 그 쌓인 돈이 종잣돈이 된다.

_세이노의 가르침

투자로 부자가 되기 위한 첫걸음은 종잣돈 모으기다. 1926년 출간된 《바빌론 부자들의 돈 버는 지혜》라는 책에서는 돈과 행복을 얻는 7가지 지혜 중 가장 첫 번째 지혜로 '수입의 10분의 1을 저축하라'고 말했다. 내가 버는 수익의 일정 부분을 투자자금으로 사용하기 위해 모으라는 뜻이다.

미국의 억만장자 그랜트 카돈 역시 그의 직원들에게 동일한 조언을 한다. 버는 돈의 40%를 모으라는 것이다. 나라에서 세금으로 40%를 떼어가는데, 왜 스스로에게는 40%를 할당하지 않느냐고 묻는다. 이처럼 종잣돈 모으기는 자유를 얻기 위한 여정의 첫 번째 단계다.

돈을 모으는 방법은 간단하지만 실천은 말처럼 쉽지 않다. 간단한 원리를 살펴보면 다음과 같다. '내가 노동으로 버는 돈보다 적게 소비하면 된다.' 하지만 돈을 쓰지 않는다는 것은 상당한 인내를 요하는 일이다.

대학생 시절 읽었던 《마시멜로 이야기》라는 책에는 이런 내용이 있다. 아이들을 대상으로 진행한 실험이었는데, 각각의 아이들에게 마시멜로를 주고 이것을 하루 동안 먹지 않고 기다린다면 다음날 2배로 마시멜로를 주겠다는 실험이다. 어떤 아이들은 하루를 참지 못하고 바로 마시멜로를 먹어버렸고, 어떤 아이들은 하루를 참는 모습을 보였다. 나중에 시간이 흐른 후 그 아이들이 어떻게 사는지 조사했더니 마시멜로를 바로 먹어버린 아이보다 하루를 참고 다음날 2배로 많은 마시멜로를 받은 아이들이 상대적으로 성공한 사례가 많았다고 한다. 당장의 소비로 만족감을 느끼는 것보다 인내와 절제가 더 훌륭한 가치임을 배울 수 있다.

하지만 힘들게 번 돈을 너무나 무의미하게 소비하는 사람들이 주변에 많다. 요즘은 마케팅의 시대다. 수많은 광고들이 우리에게 지속적으로 돈을 쓰라고 강요한다. 더 좋은 차를 타고, 더 비싼 음식을 먹고, 값비싼 휴양지로 여행을 떠나라고 끊임없이 우리를 유혹한다. 그렇게 하여 남에게 과시하며 만족감을 얻으라고 한다.

이런 정신적인 만족감을 경험한 사람이 다시 소비를 줄이는 일은 상당히 어렵다. 따라서 종잣돈을 모으려면 이러한 유혹에서 나를 지킬 수 있어야 한다.

💲 부채를 먼저 사면 인생이 망가진다

1장에서도 언급했지만 로버트 기요사키는 나에게 지속적으로 돈을 쓰게 만드는 것을 '부채'로 정의했다. 제대로 된 현금흐름 하나 없으면서 규모가 큰 부채를 사는 사람들을 가끔 보곤 한다. 대학생이 외제차를 전액 할부로 샀다는 기사를 처음 봤을 때 많이 놀랐다. 안정적인 직장도 없는데 매달 수십, 수백만 원의 비용이 발생하는 소비재를 산다는 것은 정말 어리석은 일이다.

이처럼 젊을 때 절대 해서는 안 되는 두 가지 큰 실수가 있다.

첫 번째, 가치가 오를 수 없는 소비재에 돈을 쓰면 1차적으로 종잣돈은 사라진다. 더 무서운 것은 2차 효과다. 향후 지속적으로 돈이 들어가기 때문에 앞으로의 소득까지 저당 잡힌다. 아무리 열심히 노동소득을 벌어도 이미 사놓은 부채가 그 돈들을 다 빨아들인다. 결론적으로 종잣돈 자체를 만들기 어려워진다.

두 번째, 우리의 몸과 마음이 재정상황과는 별도로 높은 소비력에 적응할 가능성이 높아진다. 당신이 비싼 소비재를 사게 되면 남들은 환호하며 부러워할 것이다. 한번 우월해진 마음은 생활수준을 계속 거기에 맞추도록 나를 조종한다. 남들은 내가 벤츠를 타고 다니는 모습을 부러워하는데 찌질한 내 본 모습을 보여줄 수 없다. 그렇게 추가 소비로 이어져 씀씀이를 줄이기 어려워진다. 결과적으로 부의 증식은 먼 나라 이야기가 된다.

좋은 자동차, 좋은 옷, 좋은 가방이 나의 가치를 높여주지 않는다. 남에게 부자처럼 보이고 싶다는 이유로 쓸데없는 소비를 하며 스스로 가난해질 필요가 없다. 정말 바보 같은 짓이다.

월급쟁이가 인생에서 돈을 모을 수 있는 황금기는 생각보다 정말 길지 않다. 나이가 들수록 돈 들어갈 곳이 늘어나기 때문이다. 결혼한 직장인이라면 첫 아이가 초등학교에 들어가기 전까지가 본격적으로 자산을 불려나갈 수 있는 시기다. 이 시기를 놓치면 갑자기 늘어나는 생활비 때문에 따로 종잣돈을 모으기 어려워진다. 지출이 늘어나기 전 미리 충분한 자산을 모아두어야만 그 후의 월급을 생활비로 모두 사용하면서도 자산을 키워나갈 수 있다.

나는 신입사원 시절 종잣돈을 빨리 모으고 싶은 마음에 첫 월급부터 70%를 펀드와 적금에 나누어 저축했다. 적금도 이자를 한푼이라도 더 주는 제2금융권 은행을 찾았다. 내 돈이 보호받을 수 있는 5,000만 원 한도 내에서만 저축했다. 그렇게 제2금융권 계좌를 3~4개씩 만들어 악착같이 모았다. 그랬더니 3년 만에 1억이라는 돈을 모았다. 딱히 투자로 큰 성과가 없었는데 말이다.

이렇게 돈을 모으는 동안 '절제'라는 단어를 항상 가슴에 새기고 살았다. 종잣돈을 모으는 첫 몇 년간은 마음을 독하게 먹고 고생 조금 해본다는 생각을 가져야 한다. 시간이 지나면 지금의 풍족함이 다 그때의 고생 덕분이라고 웃으며 말할 수 있을 것이다.

💲 청춘은 짧고 인생은 길다

혹자는 한창 예쁘게 멋진 나이에 그렇게 구두쇠처럼 돈을 아껴서 나중에 늙은 다음에 돈을 쓰면 무슨 재미냐고 물을 수도 있다. 찬란하게 빛나는 젊은 시절을 보내는 것이 더 중요하지, 돈만 많은 60살이 무슨 의미냐고 말이다.

그러나 이 책을 읽는 독자 대부분은 대한민국 평균수명인 84세까지 살게 될 것이다. 그리고 돈 없는 노후는 재앙으로 돌아온다. 찬란하지만 짧은 젊음을 보내고 삶을 마무리하는 순간까지 후회하며 살고 싶다면 지금 이 책을 덮어도 좋다.

나는 종잣돈을 마련하느라 젊은 시절 고생했던 과거에 대하여 후회하는 자산가들을 한 명도 본 적이 없다. 그들은 당시 인내력을 발휘하여 자신의 욕구를 참을 줄 알았고, 그렇게 모은 종잣돈으로 미래를 대비한 사람들이었다.

농부는 굶어죽는 한이 있어도 파종할 씨앗을 먹지 않는다고 했다. 배가 고프다고 파종할 씨앗을 먹어버리면 찰나의 배부름 이후 농부에게 남은 미래는 없다. 나 역시 여전히 미래의 더 큰 만족을 위해 현재의 만족을 지연시키면서 살고 있다. 지금 내 손에 쥐어진 작은 돈이 평생 황금알을 낳는 거위로 자랄지, 한낱 신기루가 되어 사라질지는 오직 나의 결정에 달려있다. 선택의 차이는 지금 당장은 잘 보이지 않을 것이다. 그러나 시간이 흐를수록 절대로 따라잡을 수 없는 차이를 만들어낸다.

우리에게는 앞으로도 수십 번, 수백 번의 기회가 찾아올 것이다. 그러나 준비가 되어 있지 않다면 어떤 기회도 잡을 수 없다. 종잣돈을 모으는 것은 이러한 기회를 잡기 위한 기본단계이다. 지금 당장 치열하게, 미래를 바꿀 준비를 시작하자.

"바람이 불면 돛을 펼친 배들은 앞으로 나아간다.

돛을 접은 배들은 당연히 앞으로 나아가지 않는다.

그것은 바람의 잘못이 아니다.

이처럼 운명은 스스로 만드는 것이다."

_인도의 개혁자 스와미 비베카난다

9장

뱁새가 황새를 따라가려면

"대단하게 시작할 필요는 없다. 그러나 대단하기 위해서는 시작해
야 한다."

미국의 작가 지그 지글러는 이렇게 말했다. 어떤 성과를 거두기
위해서는 완전하지 않더라도 우선 시작하는 것이 중요하다. 월급
쟁이가 열심히 일해서 종잣돈을 모으면 이제는 투자의 시작을 고
려할 때다. 이 단계에서 가장 많은 고민이 필요하다. 당장 준비가
되지 않았는데 섣불리 시작했다가 낭패를 볼 수도 있기 때문이다.

물론 무언가를 시작함에 있어서 처음부터 평탄한 길을 만나기
란 쉽지 않은 일이다. 하지만 몇 번의 시행착오를 거치면서 경험이
쌓이면 자신의 능력대로 어떤 일이든 능히 진행할 수 있게 된다.
우선 시도하고 경험을 쌓는 것이 중요하다.

서브웨이의 창업자 프레드 두루카는 저서《작게 시작해서 크게 성공하라》에서 성공의 제1법칙을 "작게 시작하라"라고 말했다. 설사 준비가 완벽하지 않더라도 우선 시작하고, 그 과정에서 발생하는 문제는 직접 부딪혀가면서 해결하는 것이 옳은 전략이라는 말이다. 모든 준비가 완료될 때까지 기다리기만 하는 것은 아무것도 하지 않는 것과 같다. 서브웨이 외에도 미국의 글로벌 문서솔루션 회사인 '킨코스'와 피자 프랜차이즈 '리틀시저'도 동일한 전략으로 성공했다고 강조했다.

투자도 마찬가지다. 처음 진행할 때는 작게 시작해야 한다. 작은 시작이란 내가 감당할 수 있는 수준을 뜻한다. 조금씩 다양한 투자방법을 시도해 보면서 나에게 맞는 방법을 찾아야 한다. 야구에서 선발투수는 경기 특성상 길게 던져야 하기 때문에 1회부터 전력을 다해 투구하지 않는다. 1회에는 그날 경기를 이끌어 가기 위해서 다양한 검증을 한다. 오늘 직구가 잘 들어가는지, 변화구가 잘 들어가는지 감각도 점검하고 심판의 스트라이크존은 어디까지 용인되는지 확인도 필요하다. 이런 것들에 대한 기본 체크 후에야 그날 경기를 잘 이끌어 갈 수 있는 준비가 완료된다.

투자에서도 초기에는 이런 점검 기간이 반드시 필요하다. 투자에서 작은 시작이 필요한 이유를 2가지로 정리할 수 있다.

💲 자신을 파악하는 데 시간이 필요하다

첫 번째 이유는 투자가 익숙하지 않기 때문이다. 첫 투자부터 크게 일을 벌였다가는 실패했을 경우 감당해야 할 충격이 너무 커진다. 아직 투자의 열매를 따먹기도 전에 큰 손실을 먼저 보고나면 본격적인 전쟁에 나가기도 전에 전의를 상실하는 것과 같다. 투자의 세계에 다시는 발을 들여놓고 싶지 않아진다. 조금만 더 가면 오아시스가 있을지도 모를 일인데, 모든 가능성의 문을 스스로 닫아버리는 꼴이 된다.

초보 투자자라면 돈을 벌 생각보다는 잃지 않겠다는 자세가 좋다. 첫술에 배부를 수 없고, 아장아장 걷는 아기가 빨리 달릴 수는 없는 노릇이다.

워런 버핏은 돈을 버는 원칙에 대해서 다음과 같이 말했다.

"Rule No.1, Never lose Money. Rule No.2, Never forget Rule No.1." (첫 번째 원칙, 절대로 돈을 잃지 말라. 두 번째 원칙, 첫 번째 원칙을 절대로 잊지 말라.)

초보 투자자들은 통상 돈을 벌겠다는 욕심이 과하다. 의욕이 넘치는 시기이기에 대다수는 투자만 하면 다 잘될 것이라고 믿는다. 그러나 막상 받아본 투자 성적표는 남에게 보이기 민망할 정도로 낙제점인 경우가 많다. 이를 '더닝 크루거 효과'라고 한다.

'더닝 크루거 효과'란 지식과 경험이 없는 상태에서 잘못된 결론

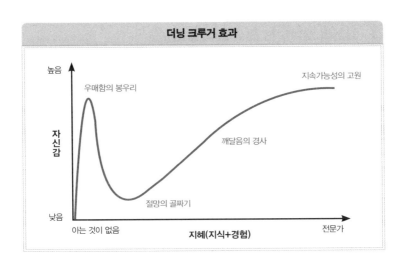

더닝 크루거 효과

높음

자신감

우매함의 봉우리

지속가능성의 고원

깨달음의 경사

절망의 골짜기

낮음

아는 것이 없음

지혜(지식+경험)

전문가

에 도달하기 쉽다는 이론이다. 이 이론은 코넬 대학교의 대학원생 데이빗 더닝과 저스틴 크루거 교수의 인지편향 실험에서 기인되었다. 45명의 학부생에게 20가지의 논리적 사고에 대한 시험을 치르게 한 후 자신의 예상 성적을 제출하도록 했는데, 그 결과 성적이 낮은 학생들이 성적이 좋은 학생들보다 자신의 예상 순위를 높게 평가했다는 것이다.

한마디로 무식하면 용감하다는 뜻이다. 투자에서도 마찬가지로 지식과 경험 수준이 낮을수록 자신의 능력을 과대평가하기 쉽다. 초심자의 행운으로 처음 한 번 돈을 벌게 되면 필요 이상의 자신감이 생겨서 마치 내가 투자 천재인 양 행동하게 된다. 문제는 이렇게 바보산 정상에 서 있을 때 내가 감당하기 어려울 정도의 투자를 진행했다가 큰 손실을 볼 가능성이 높다는 데 있다. 눈을 감고 높이 올라갈수록 발을 헛디디면 더 깊게 추락할 수 있다. 즉 일정 수준에 오르지 못한 상태에서는 함부로 큰 금액을 투자해서는 안 된다는 이야기이다.

💲 매몰비용의 위험을 벗어나자

두 번째 이유는 '매몰비용의 오류'에 빠지지 않기 위해서다. 투자를 작게 시작한다면 추후 '이 방법이 잘못되었구나' 하고 판단할 경우 탈출이 상대적으로 쉽다. 매몰비용의 오류란 잘못된 결정임을 인지한 이후에도 이를 인정하지 않고 정당화하기 위해서 밀고 나가는 행동을 말한다.

과거 미국과 소련이 우주항공 기술을 경쟁할 때 프랑스와 영국은 함께 세계에서 가장 빠른 여객기 기술을 개발했다. 1960년대에 무려 10억 달러라는 투자금을 쏟아부어 콩코드 여객기를 만들어 냈다. 그러나 몸체가 좁아 수용인원이 적다는 비효율성에 직면하여 외면당하다가, 2000년 폭발 사고로 아예 운행을 중단하게 되었다. 끝까지 콩코드기를 포기하지 않은 영국과 프랑스는 실패를 인정하기 어려웠기 때문에 무려 40년이라는 시간을 낭비해야 했다.

투자를 하다 보면 손실을 보는 일은 매우 잦다. 문제는 잘못된 판단임을 깨닫게 되어도 그동안 쏟아부은 시간과 돈이 아까워서 계속 버티는 사람들이다. 마치 본전 생각이 나서 노름판을 벗어나지 못하는 도박꾼과 같다. 그러므로 어떤 일이든 내 판단이 틀렸다고 생각되면 빨리 털고 나와야 한다. 그러기 위해서는 작은 시작이 필수다. 실패한 금액이 적을수록 판을 뒤엎는 고통도 줄어든다.

'실패는 성공의 어머니'라는 말이 있지만 실패도 적당히 작게 해야 성공의 어머니가 된다. 치명적인 손실을 입은 투자자는 다시 투자의 세계에 돌아올 생각을 하지 못한다. 아니, 돌아오고 싶어도 돌아올 길이 막히고 만다.

초심자가 모든 것을 잃고 나면 다시 재기하기까지 너무나 오랜 시간과 노력이 소모된다. 그러므로 처음에는 작게 시작하는 것이 좋다. 열심히 모은 종잣돈을 쪼개고 쪼개서 작은 시도를 여러 번 반복해 보자. 뱁새가 황새 따라가려다 다리가 찢어지는 법이다. 초보 투자자일수록 경험을 쌓으면서 언젠가 큰돈을 투자할 수 있도록 그릇을 키워야 한다.

10장
열정적으로 망하는 방법

누구나 꾸는 공통의 꿈이 있다면 그건 부자의 꿈이다. 부자가 되고 싶다는 욕망은 나무랄 게 없지만, 문제는 대부분의 사람들이 지나치게 '아주 빨리' 부자가 되고 싶어 한다는 데에 있다. 주변에서 투자를 갓 시작한 사람들이 보이는 공통적인 특징은 '조급한 열정'이다. 처음 부자가 되기로 마음을 먹고 관련 공부를 하다 보면 세상이 모두 돈으로 보인다. 그래서 더욱 열정적으로 공부를 하고 어떻게든지 자신이 공부한 내용을 증명하고 자랑하고 싶어 한다. 남들이 볼 때는 참 열심히 하는 사람처럼 보일지 모른다. 하지만 실전 투자의 세계에서 이런 조급함은 투자자를 넘어뜨리는 걸림돌이 되기 쉽다. 너무 열심히 하면 오히려 투자를 망친다.

💲 노출을 줄이라

조급함은 부동산보다는 주식이나 코인처럼 변동성이 큰 자산에 투자를 할 때 자주 보인다. 조급한 투자자들은 매일 습관처럼 시장을 확인하려 한다. 이는 오히려 독이 되는 일이다. 변동성에 익숙하지 않은 초보 투자자들이 주식 개장시간 동안 습관적으로 차트와 호가 확인을 하게 되면 오히려 거래에서 실수를 할 확률이 높아진다. 실시간으로 내 돈이 늘어났다 줄어들었다 반복하는 것을 보고 있자면 마음이 위아래로 들썩이면서 심리적으로 흔들리고 만다. 당장 빨리 매도버튼을 눌러 수익을 확정하거나 손해를 줄여야만 할 것 같은 조급함이 생긴다.

나 역시 주식투자를 시작한 지 얼마 되지 않았을 때에는 이런 습관 때문에 자주 실수했다. 정작 우량주에 투자를 잘하고 있으면서도 주식 게시판에서 읽은 출처 없는 루머에 마음을 뺏겨 급등주를 꼭지에서 잡아 큰 손실을 보기도 했다.

주식으로 수익을 봤던 경험을 되돌아보면 공통점이 있다. 열에 아홉은 공부한 내용을 기초삼아 우량주식을 매수하여 오랜 시간을 충분히 인내했다. 그렇다고 주식을 사놓고 방치했다는 이야기는 아니다. 주기적으로 내가 투자한 종목의 성장성을 확인하고 처음 투자한 이유가 훼손되지는 않았는지 검토하는 정도면 충분하다. 역설적으로 많은 시간을 투자에 할애할수록 좋지 않은 결과로 이어질 확률이 높다.

스스로를 시장에 자주 노출하면 잘못된 투자판단을 내리는 것만큼 치명적인 단점이 있다. 그것은 바로 내가 들인 시간이 많아질수록 '단순 노출 효과'에 빠지기 쉽다는 것이다.

TV에서 처음 봤을 때는 별로였다가도 계속 보다 보니 괜찮아 보이는 연예인이 한 명쯤은 있을 것이다. 이처럼 단순하게 노출 횟수가 늘어났을 뿐인데 긍정적인 평가를 내리기 쉬워지는 것이 사람의 심리다. 어떤 자산에 대하여 내가 자주 공부를 할수록 현실보다 고평가를 내릴 가능성이 높아진다. 그러다가 점점 '확증편향'에 빠진다. 내가 가진 선입관을 뒷받침하는 근거만 수용하고 유리한 정보만 선택적으로 수집하는 것이다.

실제로 그렇게 가치가 높은 자산이 아닌데도 계속 보니까 내 눈에는 예뻐 보이게 되고 또 긍정적인 방향으로만 판단하게 된다면 투자의 눈이 어두워지고 만다. 즉 주식 정보에 스스로를 너무 노출하는 것은 이득보다 손해가 크다.

💲 조급함을 제어하면 성공한다

빨리 부자가 되고 싶은 마음은 누구에게나 해당되는 인지상정이다. 2020년 발생한 코로나 팬데믹으로 인한 통화량의 급증은 사람들을 포모(FOMO: Fear of Missing Out)에 빠뜨렸다. 자산가격이 밀려 올라가는 것을 보고만 있었던 사람들이 소위 벼락거지가 되는 일이 벌어진 것이다. 나는 제자리에 있는데 남은 돈을 벌고 있다는 사실은 자신을 불안감에 휩싸이게 한다. 그러나 이런 감정은 아무런 도움이 되지 않는다. 투자를 하는 목적은 경제적으로 자유로움을 느끼기 위해서다. 때문에 그 과정 역시 천천히 즐길 필요가 있다. 부자로 가는 여정 역시 행복해야 한다. 매일 조급하고 불안한 마음으로 투자를 하면서 삶이 황폐해져서는 안 된다. 돈은 행복을 위한 수단이지, 목적 자체가 아니기 때문이다.

조급함이 심해지면 '투자하지 않아서 엄청 손해를 봤다'는 착각도 하게 된다. 지나고 나서 후회를 하는 것이다. '테슬라' 같은 종목을 2020년 3월 바닥권에서 샀다면 큰 수익을 봤을 것이다. 바닥에서 사지 못해 너무 아쉬운데 남들은 테슬라로 돈을 벌었다는 얘기까지 듣게 되면 마치 큰 손해를 본 것 같은 절망감이 든다. 그러나 정작 내가 잃은 돈은 하나도 없다. 모두 조급함이 만든 가짜 감정이다.

투자자에게 이런 조급함이 반복되면 더 악수를 두게 될지도 모른다. '더는 뒤처질 수는 없다'는 생각 때문에 하지 않아야 될 투자를 무리해서 진행하게 된다. 투자란 '조급한 사람의 주머니에서 느긋한 사람의 주머니로 돈이 이동하는 현상'이라고 했다. 행여나 자신의 조급함으로 잘못된 투자를 하게 되면 심리적으로 더욱 위축

된다. 내가 투자한 자산에 작은 악재라도 발생하는 날에는 밤잠을 설치며 괴로워한다. 결국은 백기를 들고 자산시장을 떠나는 최악의 선택을 하게 될지도 모른다.

이런 조급함으로 인한 작은 실패를 몇 번 경험하면서 투자자들은 괴로움에 빠진다. 결국은 한 방에 많이 벌겠다는 아주 위험한 생각에 빠지고, 일명 '몰빵투자'를 하게 된다. 초보일수록 몰빵투자는 더 큰 위험을 몰고온다. 투자금이 적을 때는 '분산'만 잘해도 망하지 않는다. 투자자의 계좌가 망가지는 경우를 보면 대부분 분산을 하지 않았기 때문이다. 맨날 보던 종목만 보다 보니 '단순 노출 효과'로 분산 없이 한 바구니에 계란을 담는 것이 첫 번째 실수다. 그리고 지금이 아니면 더 비싸게 살 것 같다는 조급함에 한 번에 많은 금액을 투자한다. 이렇게 투자 시기를 분산하지 않은 것이 두 번째 실수다. 이렇게 어느 종목, 시점에 내 돈이 집중적으로 몰려있는 경우 투자자는 심적으로 안정감을 가지기 어려워진다.

추가적으로 돈에 시간표가 있다는 것도 문제다. 몇 달 후 사용해야 할 자금을 단기간에 투자로 더 불려보겠다는 생각은 정말 위험하다. 자산이란 것은 언제든 그 가격이 오르내린다. 행여나 내가 돈이 필요한 시점에서 얼마든지 손실이 날 수 있다는 뜻이다. 돈이 필요한 시기가 점점 다가오는데 이성적으로 투자를 지속할 수 있을까? 내 경험상 그런 사람은 단 한 명도 없었다.

조급함은 당신이 부자로 가는 길에서 반드시 극복해야 할 심리적 장벽이다. 단기적인 시야가 아닌 장기적인 시야를 가지자. 투자하는 자산의 종류와 시기를 적절하게 분산해 보자. 그리고 투자에 사용하는 돈은 반드시 시간표가 없어야 한다는 사실을 기억하자. 다양한 자산을 넉넉한 시간을 가지고 투자한다는 원칙만 지킨다면 큰 어려움 없이 초보투자자를 벗어날 수 있다. 이제 본격적으로 돈을 불릴 수 있는 투자 방법에 대해서 알아보자.

직장인이라면 내 몸값을 당장 높여 종잣돈 모으는 기간을 단축하라

근로소득만이 다라고 생각하는가
우리에게 투자 행위는 사다리를 성큼성큼 오르기 위한 징검다리 과정이다
그럼에도 불구하고 근로소득 역시 중요하다
이는 종잣돈을 모으기 위한 필수다
월급쟁이가 더 빨리 경제적인 자유를 얻으려면 몸값을 올려야 한다
스스로 노예가 될 필요는 없다
그들이 만들어 놓은 틀에서 탈출하자
내가 일하지 않아도 돈을 버는 단계로 가려면,
'해가 지지 않는 나라', 즉 투자를 통한 나만의 제국을 세워야 한다
월급쟁이가 꾸는 공통의 꿈이 있다면, 그건 부자의 꿈이다

STEP
2

쉬운 부동산 투자로
안전자산 깔아두기

내 집은 안정감을 준다.
이 안정을 바탕으로 공격적인 투자를 시작할 수 있다!
남이 결정해 주는 대로 내 거처를 계속 옮겨야만 한다면
내 삶에 대한 주도권을 가지기 어렵다.
그러나 내 집이라면 얼마든지 원하는 대로 내 삶을 계획해 나갈 수 있다.
내가 원하지 않는 한 이 집을 떠날 필요가 없기 때문이다.
이렇게 내 집은 나에게 영원한 '안정감'을 선물한다.
누구나 집 한 채를 갖게 되면 그 안정감을 바탕으로
미래의 꿈을 꿀 수 있게 된다.

부동산투자를 시작하기 3년 전, 한창 부동산 경기가 좋지 않던 2013년에 처음으로 내 집을 마련했다. 회사에서 근무 중이던 나에게 어머니가 갑자기 전화를 하시더니 이때까지 모아둔 돈이 얼마인지 물어보셨다. 너도 이제 나이가 서른이 넘었으니 집을 사라는 말씀이었다. 집을 살 생각을 딱히 해본 적 없던 나는 그동안 모은 1억 3천만 원 정도의 금액에 대출 2억을 받아 월세 긴 32평 아파트를 매수했다.

첫 집을 사는데도 당시에는 별로 중요치 않게 생각했다. 집을 보러 가서도 대충 보는 척 마는 척이었다. 부동산 중개인이랑 아파트를 보러갔는데 세입자가 집을 보여줄 수 있는 상황이 아니라서 해당 물건의 아래층 공실을 보고 계약을 했다. 이렇게 대충 집을 살

수가 있을까. 그렇게 집을 매수하고 등기권리증을 받자 놀라운 일이 벌어졌다.

월세를 끼고 샀기 때문에 매달 100만 원이 넘는 월세가 들어왔던 것이다. 신기한 경험이었다. 지난 4년간 월급계좌에는 회사에서 들어온 월급과 보너스가 소득의 전부였다. 내 집을 샀다는 이유로 내가 일하지 않아도 남에게 돈을 받는다는 사실이 얼떨떨했다. 100만 원이라는 큰돈을 매달 받을 수 있다고 생각하니 행복했다. 그러나 시간이 지날수록 집을 임대하며 발생하는 현금보다 주거로써의 의미가 더 크다는 생각이 들었다.

💲 부동산 덕분에 나는 3번 행복했다

나는 부동산 덕분에 3번 행복했다. 가장 먼저 내 집이 주는 안정과 평안이다. 등기부등본에 내 이름 석 자가 적혀있다는 것은 이 집이 내 소유라는 사실을 말한다. 평생 전세나 월세로 살게 되면 주거의 안정이 있을까? 2년마다 돌아오는 재계약 시점이 될 때마다 이번에는 계약이 될까 안 될까, 집주인이 전세금을 얼마나 올려달라고 할까 전전긍긍 고민할 것이다. 이렇게 항상 불안해하며 선택권이 없는 삶을 살게 된다. 남이 결정해 주는 대로 내 거처를 계속 옮겨야만 한다면 내 삶에 대한 주도권을 가지기 어렵다.

그러나 내 집이라면 얼마든지 원하는 대로 내 삶을 계획해 나갈 수 있다. 내가 원하지 않는 한 이 집을 떠날 필요가 없기 때문이다. 이렇게 내 집은 나에게 영원한 '안정감'을 선물한다. 누구나 집 한 채를 갖게 되면 그 안정감을 바탕으로 미래의 꿈을 꿀 수 있게 된다. 꿈꿀 수 있는 삶과 그렇지 못한 삶 중에서 어떤 삶을 선택할 것인지 생각해 보라.

두 번째는 내 생활의 질적 향상이다. 내가 거주하고 있지만 정작 내 집에서 사는 게 아니라면 내 안식처에 대한 결정권이 없다. 당신이 임차인이고 만약 조금 깐깐한 임대인을 만나게 되면 벽에 못질이나 에어컨, 벽걸이 TV 설치도 어려워진다. 전세가 갈수록 귀해지고 있기 때문에 임차인은 임대인의 심기를 거슬리게 만들까 두렵다. 내 마음대로 집을 꾸밀 수 없는 경우에는 사용할 가구 선택에도 영향을 미칠 것이다. 도배지나 발코니가 지저분하더라도 인테리어를 꾸미기도 난감해진다.

혹은 집 안에 무언가가 고장 났을 때 당장 불편한데 집주인이 수리를 해주지 않는다면 어떨까? 내 집도 아닌데 돈을 몇 백만 원씩 들여서 남의 집을 고쳐주는 것은 아까운 마음부터 들기 일쑤다. 당장 다음 만기 때에 이 집에서 더 살 수 있을지 모르기 때문이다. 그러다 보면 내가 지내는 집이지만 내 집이 아닌 것처럼 적당한 수준에서 만족하고 살 수밖에 없어진다.

아쉬운 것도 그냥 아쉬운 대로 살게 되면서 내 삶의 질 자체가 집 상태에 맞춰지게 된다. 내가 충분히 만족할 만한 삶의 질을 끌어올리는 데 한계와 마주하게 될 것이다. 그러나 내 집이라면 얼마든지 내 마음대로 할 수 있다.

세 번째로 부동산 보유에는 '자산형성 효과'가 있다. 보통 대부분 내 집 마련을 할 때는 대출을 받는다. 대출을 끼면 매달 원리금을 갚아나가야 한다. 이것이 강제적으로 내 자산을 형성하는 데 큰 도움이 된다. 대출을 미리 만기금액을 받은 저축이라고 생각하고 분할하여 갚아나가면 되기 때문이다. 이미 내가 빌린 돈으로 집을 사놓은 것이고 그 금액만큼 나중에 돈을 저축하는 것으로 볼 수 있다.

대출의 원리금은 당신의 소득에서 먼저 쪼개져 갚아나가게 된다. 이런 강제성이 있기 때문에 돈이 모이는 효과가 있다. 요즘처럼 마케팅 기술이 갈수록 발전하는 세상에서는 내 돈을 쓰지 않고 지키기란 여간해서는 쉽지 않다. 웬만한 각오 없이 돈을 모으기가 갈수록 힘들어지는 세상이다. 그러나 내 월급이나 보너스가 강제적으로 집에 저축이 된다면 어떨까? 저축 후 남은 돈을 쓰는 패턴이 저절로 만들어지기 때문에 자산 형성에 큰 도움이 된다.

💲 부동산을 사고 나니 주식이 더 잘 되더라

부동산이라는 자산은 굉장히 안정적이다. 물론 변동성이 큰 시기에는 그 안정감이 흔들리기도 하지만 길게 봐서 그렇다는 의미다. 그래서 부동산은 투자자로 살아가는 데에 큰 도움이 된다. 우선 집을 한 채라도 갖게 된다면 인플레이션을 방어하고 있다는 생각이 상당한 심리적 안정감을 준다. 물가가 올라도 내 집 가격이 기본적으로 따라가기 때문에 부가적으로 공격적인 투자를 시도해 볼 수 있다.

마젤란 펀드로 2,703%의 수익률을 거둔 전설적인 펀드 매니저 피터 린치 역시 주식투자를 하기 전에 반드시 1주택자가 되라는 말을 했다. 나 역시 이 말에 크게 동의하는 바다. 나는 내 자산 중에서 부동산 비중이 50% 밑으로 떨어지지 않도록 관리한다. 그러다 보니 추가적으로 주식이나 코인 등에 투자할 때 조금 더 공격적인 포트폴리오를 구성할 수 있다.

투자가 필수인 시대에는 공격적인 투자가 굉장한 무기가 될 수 있다. 하지만 높은 수익은 동시에 높은 위험을 안고 있다. 변동성이 심한 자산이 하락하더라도 안정적인 부동산이 버티고 있다면 마음이 안정된다. 이러한 심적 안정은 투자에서 가장 중요한 '장기투자'를 가능하게 만들어 복리효과를 누릴 수 있게 한다.

예를 들어 1년에 5천만 원을 버는 사람이 있다고 가정해 보자. 열심히 일해서 순자산 2억을 달성한 이후, 대출 3억을 끼고 4억짜리 아파트를 보유하고 여유자금은 1억이다. 이 사람이 주식에 투자한다면 어떨까? 만약 아파트를 가지고 있지 않다면 총 2억으로 주식투자를 했을 것이다. 1년에 5천만 원을 버는 사람이 2억으로 주식에 투자하면 심리적으로 흔들리기 쉽다. 매일 위아래로 변동성이 심하기 때문이다. 2억에서 하루에 5%만 빠져도 연봉의 20%인 1,000만 원이 사라진다.

만약 어떤 외부 요인으로 증시가 약 15% 정도 빠졌다고 가정한다면 약 3,000만 원의 손실이 발생한다. 초보 투자자의 경우 이럴 때 패닉에 빠질 수도 있다. 연봉의 60%가 사라졌다는 자책감에 원금 복구만 생각하다가 손절을 칠 가능성도 높다. 그러나 대출을 낀 부동산이라도 4억 원의 자산이 안정적으로 버텨준다면 어떨까? 주식 1억에서 3,000만 원이 떨어져도 총자산 5억 대비 6% 하락에 불과하다. 주식 2억에서 3,000만 원이 빠진 것은 분산된 자산 5억에서 3,000만 원이 빠진 것보다 훨씬 큰 공포심을 안겨준다. 이렇게 내 집 마련은 다시 주식이 오를 때까지 인내할 수 있는 안정감을 준다. 변동성 강한 투자를 하면서도 충분한 수익이 날 수 있도록 장기투자를 가능케 한다. 경험상 내 집 마련을 해놓으면 부동산 외에도 투자수익을 볼 확률이 크게 올라간다.

결론적으로 내 집 마련은 인생을 계속 업그레이드 선상에 놓이게 한다. 내 집이라는 자산을 갖고 있지 않았던 과거와 비교해서 마음가짐이 바뀐다. 자산가로서의 당당함이 내 몸에 스며든다. 실제로 근무하던 회사에서 내 집 마련에 성공한 후배들이 더욱 자신 있게 일하는 모습을 보곤 했다. 인생에서 큰 짐을 하나 덜어놓은 만큼 더욱 당당하게 살게 되는 것이다.

또한 내 집이기 때문에 동네 주변에 관심이 생기면서 이것저것 많은 정보를 섭렵하게 된다. 그러면서 다른 동네와의 비교도 자연스럽게 가능해진다. 그리고 더 쾌적한 곳으로 이사를 가고 싶은 업그레이드의 욕심이 비로소 생긴다. 그러다 보면 더는 쓸데없는 곳에 돈을 쓰지 않게 된다. 단순한 소비재에 돈을 써서 자산을 낭비하지 않는다.

"사람들은 종종 돈이 얼마나 많은지 보여주려고 돈을 쓰곤 한다. 그러나 그것이야말로 돈이 줄어드는 가장 빠른 길이다."

《돈의 심리학》의 저자 모건 하우절의 말이다. 내 집 마련에 성공한 사람들은 더 이상 남의 시선에 내 자신을 맞출 필요를 못 느낀다. 자산가이기 때문이다. 그렇게 인생은 생산적으로 변하게 되며 자본주의 사회의 사다리를 타고 더 멋진 삶을 살고 싶다는 욕심이 생긴다. 마음속의 긍정적인 변화가 당신을 더욱 학구적으로 만들수 있으며, 건강한 삶을 위한 운동을 시작하게 만들 수도 있다. 이처럼 나만의 보금자리가 생긴다는 것은 인생에서 책임감과 안정감을 동시에 주는 일대의 사건이다.

부동산에 투자하는 방법은 여러 가지다. 물건의 종류별로는 상가, 토지, 오피스텔, 아파트 등으로 나눌 수 있고, 취득 방법에 따라서는 경매, 공매 및 매매 등으로 나눌 수 있다.

나는 주식투자와 임대사업자를 겸하고 있다. 그리고 월급쟁이로 살고 있다. 월급쟁이로 직장을 다니면서도 투자할 수 있는 부동산 투자가 무엇인지 고민했다. 내가 선택한 방법은 '전세 레버리지' 투자다. 전세 레버리지 투자란 아파트를 살 때 전세입자를 끼고 사는 형태를 말한다. 매매가가 5억인 아파트의 전세가가 4억이라면 그 차액인 1억만 지불하고 아파트를 산다.

전세 레버리지를 선택한 이유는 간단하다. 무엇보다 아파트 매매가 대비 적은 돈으로 소유권을 가질 수 있기 때문에 부동산 외

다른 투자를 겸하는 투자자에게 유리하다. 전세가율은 전세가와 매매가의 비율을 의미하는데, 이 수치가 높을수록 내가 지불해야 하는 돈(매매가-전세가)이 적어진다. 그래서 적은 돈으로도 투자할 수 있다는 장점이 있다. 주식투자와 부동산투자를 함께 하려면 어느 쪽의 투자든 소액투자가 가능한 방법을 찾아야 한다.

임차인이 전세로 살고 있다는 점도 큰 장점이다. 이는 세입자가 월세인 경우보다 직장인으로서 부담이 덜하다. 전세 보증금은 상대적으로 월세 보증금보다 금액이 크다. 그렇기 때문에 어느 정도 대출을 받아서 들어오는 임차인들이 많다. 대출을 받을 수 있다는 것은 임차인의 신용을 사회에서 보증한다는 것이다. 그렇기 때문에 예상치 못한 이벤트로 전세입자가 갑자기 집을 비워야 하는 일이 적다. 그만큼 한 번 계약을 해놓으면 손이 많이 안 간다.

그러나 월세입자는 상대적으로 적은 보증금에 대한 부담이 덜해서인지, 월세가 밀린다거나 정해진 계약기간을 채우지 못하는 경우가 많아 그만큼 임대인의 손이 많이 간다.

따라서 월급쟁이 신분으로 부동산에 투자한다면 전세 레버리지 투자가 낫다. 내 돈이 적게 들고 시간도 많이 빼앗기지 않는다. '소액투자가 가능하다'는 것은 투자금만 충분하다면 아파트 채수를 얼마든지 늘려갈 수 있다는 의미다. 월세입자를 들이지 않아도 전세를 끼고 산 아파트들이 늘어나면 월세 받는 것 이상의 현금 흐름이 발생한다.

전세 기간은 통상 2년으로 계약한다. 홀수해와 짝수해에 각각 만기 갱신되는 아파트가 2채씩 있다고 가정해 보자. 그렇다면 투자자는 1년에 2번 임차인의 만기가 다가오면서 전세금을 재조정할 수 있다. 그 다음 해에도 2번의 전세 만기가 다가오면서 전세금을 올려서 받게 된다. 평균적으로 각 반기마다 1채씩 갱신이 되면서 전세금 상승분이 계속 내 계좌로 들어오는 일이 반복된다. 내가 직접 일을 해서 노동소득을 거두면서도 1년에 2번씩 보너스가 따로 들어온다면 얼마나 든든할까?

⑤ 부동산의 레버리지 효과는 강력하다

부동산은 레버리지 사용으로 인한 리스크가 상대적으로 작다. 주식의 경우는 신용매매로 레버리지를 일으키면 원금의 150%까지 빌려서 시드머니를 2.5배로 늘릴 수 있다. 그러나 급격한 하락장이 와서 내 보증금 비율을 못 맞추는 경우에는 내 의지와 상관없이 반대매매가 터지게 된다. 반대매매란 주가가 하락한 상태에서 강제로 주식이 매도되는 것이다. 보증금을 더 넣지 못하면 내 의지와는 상관없이 주식이 청산된다.

그러나 전세 레버리지 투자는 한 번 계약하면 2년이라는 기간 덕분에 시세가 떨어져도 충분히 회복할 만한 시간이 주어진다.

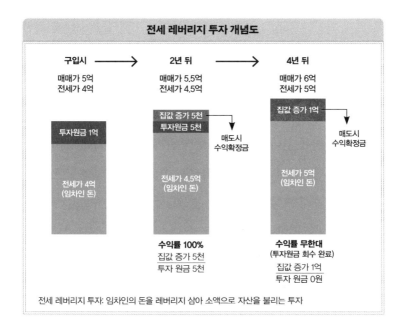

전세 레버리지 투자: 임차인의 돈을 레버리지 삼아 소액으로 자산을 불리는 투자

실제로 2년 내내 집 가격이 떨어지는 경우는 그렇게 자주 발생하지 않는다. 주식처럼 강제로 집이 팔리면서 세입자 보증금을 내주는 일이 없기 때문에, 어쩌다 역전세가 나더라도 그만큼만 돈을 돌려주면 된다는 장점이 있다. 실질적으로 집 가격이 떨어질 정도로 부동산 시장이 좋지 않을 때는 통상 경제위기가 닥쳤을 확률이 높다. 그래서 세입자 역시 굳이 이사에 돈을 쓰고 싶어 하지 않는다. 기존 전세금 그대로 재계약을 하거나 10% 정도만 내려서 다시 계약하는 경우가 대부분이다. 이처럼 부동산은 주식보다 상대적으로 안전하게 레버리지를 활용할 수 있다.

레버리지 면에서 부동산이 유리한 또 다른 이유는 투자하면서 발생하는 비용에 있다. 당신이 만약 주식투자를 하면서 신용매매로 레버리지를 일으키면 통상 한국은행에서 정한 금리보다 비싼 이율로 매달 증권사에 이자를 상환해야 한다. 주가가 잘 오를 때는 이자도 웃으면서 낼 수 있지만, 주가가 조정기에 들어가면 이자 상환의 부담이 커진다. 대부분 현금 비중 없이 주식에 대부분의 돈을 투자하기 때문이다. 가격이 떨어진 주식을 팔아서 이자를 갚는다면 심리적인 압박이 생길 수밖에 없다. 이렇게 시간표가 있는 돈은 안정적인 투자를 가로막는 가장 큰 적이다.

그러나 전세 레버리지 투자의 경우 이미 매매가와 전세가 차이만큼만 현금을 지불 완료한 상태이기 때문에 추가로 매월 나갈 돈이 없다. 전세 보증금을 내기 위한 대출을 세입자가 은행에서 받았기 때문에 그 상환의 의무는 세입자에게 있다. 내 집을 사기 위해서 레버리지를 내가 일으켰지만 이 레버리지에 대한 비용은 세입자가 낸다.

💲 목돈 만들기가 동시에 가능한 투자

통상 전세 레버리지 투자를 차익실현형 투자라고 한다. 임대와 매매 차이 때문에 발생하는 소액을 투자한 이후 아파트 가격이 오르면 팔아서 차익을 챙길 수 있다. 그러나 이는 황금알을 낳는 거위의 배를 갈라버리는 행위다. 우리는 계속 나이를 먹어간다. 나이를 먹는다는 것은 노동력이 줄어든다는 의미다. 그래서 나 대신 돈을 벌어오라고 투자를 하는 것이다. 그렇기에 우리는 이런 자동으로 돈 버는 시스템을 많이 만들어야 한다. 집을 팔아서 차액을 거두는 것은 단발적인 수익이다. 투자한 아파트가 충분히 많아지면 매달 몇 십만 원 수준의 월세를 받는 경우보다 훌륭한 현금 흐름이 발생한다.

이는 월세투자보다 더욱 강력하다. 돈은 모일수록 그 점착력이 강해서 뭉친 돈은 쉽게 나가지 않는다. 그러나 소액으로 투자한 부동산의 월세 수익금은 한 채에서 100만 원도 나오기 어렵다. 그렇기 때문에 모으기도 애매하다. 웬만한 각오 없이는 씀씀이만 커질 수 있다. 월급이 얼마 되지 않는 월급쟁이일수록 2년에 한 번씩 목돈이 들어오는 현금흐름을 만들어 재투자하는 전략이 훨씬 낫다. 아파트 한 채당 2년에 한 번씩 적금 만기가 돌아오는 것과 같은 효과다.

이렇게 들어오는 전세금 상승분은 적어도 1,000만 원이 넘는 목돈이다. 그대로 주식이나 여타 다른 자산에 재투자를 해도 되고, 갚고 싶은 부채가 있다면 갚아도 된다. 이렇게 전세 레버리지 시스템을 구축할 때는 다소 힘들 수 있으나, 한 번 만들어 놓기만 하면 2년마다 황금알을 낳는다. 충분한 자산이 모였다고 판단하면 향후 주기적으로 들어오는 전세금 상승분을 생활비로 사용해도 된다.

당신이 한 번만 전세를 끼고 아파트를 사두면 평생 돈을 벌어다 주는 기계를 만드는 효과가 발생한다. 안정적으로 돈을 벌어다주는 훌륭한 수단이며 향후 주식 등으로 더욱 공격적인 투자를 할 수 있게 해주는 기반이 된다. 전세 레버리지 투자는 경제적인 자유를 제공하는 가장 강력한 도구 중 하나다.

13장

부동산은 인간 존중의 사업이다

부동산에 대한 본격적인 기술에 앞서 내가 생각하는 임대사업은 임차인을 고객처럼 생각하는 사업이라는 점을 미리 밝혀둔다. 임대사업자는 다주택자로서 국가를 대신하여 임차인들에게 양질의 보금자리를 공급할 의무가 있다. 이는 생산자(임대인)와 소비자(임차인)가 있는 엄연한 자본주의 활동이며, 당사자들 간의 계약에 따라서 운영된다. 임대사업은 임대차 계약으로 움직이지만 기본적으로 인간에 대한 존중이 있어야 한다.

회사에서 바쁘게 근무하던 2020년 어느 날 세입자 한 분의 전화를 받았다. 아래층 집주인이 누수가 있다고 자기에게 연락했다는 것이다. 장마가 끝난 지도 오래되어 우수관(도시의 지하 구조물에서 빗물을 비롯하여 지상에 고인 물을 빼기 위하여 설치한 관) 문제인가 싶어서 아랫집 주인에게 전화를 해보니 도배지가 젖은 곳이 화장실 외벽의 천장이라고 했다. 순간 머리가 띵해져 왔다. 인테리어 당시를 기억해 보니 온수 분배기가 위치한 곳이었다. 돈 깨지는 소리가 들려오는 듯했다.

아랫집 말을 들어보니 전날 저녁부터 천장 도배지가 슬슬 젖기 시작하더니 이제는 아예 물이 줄줄 새어 나온다고 했다. 장마 기간도 아닌데 이렇게 누수량이 많은 경우라면 우리집 바닥에 깔린 난방배관이나 온수 분배기 어딘가에 문제가 생겼을 가능성이 90% 이상이다.

바로 설비업자에게 연락해 급하게 현장 확인을 부탁했다. 지역난방을 하는 아파트는 집 안에(대부분 싱크대 밑에) 온수 분배기가 있다. 온수 분배기는 우리집 자체로 들어오는 온수를 각 방으로 분배해 주는 동관이다. 현장에 도착한 설비업자는 각 방으로 연결된 난방배관을 하나하나 잠궈 보면서 어디서 물이 새는지 확인했는데 다행히 방에서 새는 것이 아니라 분배기 자체로 들어오는 배관이 터져서 물이 새고 있었다. 이런 경우라면 그나마 다행이다. 만약 분배기가 아니라 각 방의 난방배관이 터진 경우라면 바닥을 다 깨서 누수를 막고 다시 콘크리트 작업까지 하는 대공사가 필요하다.

이 물건처럼 완공 이후 30년이 되어가는 1기 신도시 구축 아파트 같은 경우는 분배기 및 난방배관이 오래되어 파손 위험이 상대적으로 크다. 보통 집주인들은 임대 목적으로 아파트를 산 후 수리를 잘 하지 않는다. 자기가 거기서 살지 않고, 굳이 수리하지 않아도 임차인을 구하는 데 어려움이 없기 때문이다.

굳이 인테리어를 하더라도 임대가 잘 나가기 위한 외부공사 위주로만 진행한다. 공사한 티도 안 나는 바닥을 깨서 배관 자체를 고치는 경우는 거의 없다. 집수리에 있어서 인테리어가 얼굴을 꾸미는 화장이라면, 이런 배관 등의 설비공사는 몸속의 '해독 작용'으로 체질 자체를 바꾸는 작업이라고 볼 수 있다.

문제는 이런 중대 하자가 발생하면 세입자가 너무나 큰 불편을 겪는다는 것이다. 세입자는 집주인이 아닌데도 아랫집에게 계속 클레임을 받게 될 것이다. 내가 임대를 준 집의 세입자가 불편할 수 있는 하자는 최대한 신속하게 처리해줘야 한다.

아파트의 온수 분배기 자체의 문제라면 현장 맞춤으로 용접까지 필요한 경우도 있다. 보통 난방배관 관련 수리를 하고 나면 강제로 물을 흘려서 누수가 없는지 확인한다. 배관 내로 물을 흘리다 보니 배관 내 청소까지 되는 셈이다. 온 배관을 돌고 나온 물은 보통 화장실 배수구로 버리는데, 아파트가 지어진 이후로 수십 년 간 안에 쌓였던 오염물질이 쏟아져 나오기 때문에 화장실도 엉망이 된다. 나는 돈을 내기만 하면 되지만 이 하자 처리 과정에서 세입자가 많은 불편함을 겪는다.

당시 세입자분은 3년째 살고 있었는데 돌이 막 지난 아이가 있어서 보수공사로 인한 불편함이 컸다. 가뜩이나 코로나로 인하여 사람들과의 접촉을 피하고 싶었을 텐데 갑자기 보수공사까지 해야 해 힘든 육아에 불편을 더해준 것 같아 미안한 마음이 컸다. 작게라도 세입자분에게 고생에 대한 사례를 했다. 이렇게 내 집에서 나온 중대하자 때문에 세입자가 피해를 받았다면 간단하게라도 사례하는 것도 좋다.

비단 누수만의 문제가 아니다. 개별난방을 하는 아파트의 경우 각 집마다 보일러가 설치되어 있다. 보일러 역시 고장이 나면 겨울에 세입자가 얼마나 고생을 하겠는가. 임대사업을 하면서 역지사지의 마음을 갖는 것은 매우 중요하다.

반대로 내가 세입자인데 집에 있을수록 불편한 일만 생긴다면 2년 만기 후 뒤도 돌아보지 않고 그 집을 떠나고 싶을 것이다. 임대인 입장에서도 또 세입자를 구하는 데 시간과 돈이 들게 되니 결국 내 손해다. 임차인을 나의 고객이라 생각하고 그들이 겪는 불편함이 무엇일까 주의를 기울인다면 임대사업은 크게 어렵지 않다.

임대사업을 할수록 느끼는 것이지만 사람에 대한 기본적인 존중이 반드시 필요하다. 단순하게 돈 벌려는 목적보다는 임대인으로서 임차인에게 좋은 보금자리를 공급한다는 책임감이 있어야 한다. 자본주의란 좋은 물건과 서비스를 제공하는 사람이 돈을 버는 사회다. 임대사업을 하려는 사람들은 꼭 이 사실을 기억하기 바란다.

14장

첫 번째 돈나무를 심다

2016년 7월에 매입한 1호기는 순식간에 매매가 이루어졌다. 토요일 아침부터 임장을 갔던 단지에서 18평형 소형 아파트를 보던 중이었다. 그런데 옆 단지 32평형 아파트가 급매로 나온 물건이 있다고 해서 급하게 찾아갔다. 초등학교와 중학교를 품은 800세대 역세권 아파트 1층 집이었는데 집 상태는 괜찮아 보였다. 전날 밤 늦게 신혼부부가 보고 가격을 네고할 심산으로 매수를 보류한 물건이었다.

가격이 저렴한 점도 좋지만 초등학교와 중학교를 끼고 있는 전용 85m²(제곱미터) 아파트 1층은 어린아이를 키우는 부모들에게 매력적인 물건이다. 아랫집 눈치 안 보고 애들이 신나게 뛰어다니며 자랄 수 있는 환경을 만들어주고 싶은 부모가 반드시 있을 것이라는 생각이 들었다. 그렇게 집을 보고 나온 지 10분 만에 부동산 중개인을 통하여 매도인의 계좌를 받아 가계약금을 입금했다.

가계약금을 받은 집주인이 도장과 신분증을 챙겨서 부동산으로 나와 계약서를 작성하고 있었다. 그런데 갑자기 어제 신혼부부를 데리고 왔다는 다른 부동산의 사장님이 오더니 항의하는 것이 아닌가.

"아니, 어제 내가 하겠다고 했는데 다른 사람이랑 계약하면 어떡해!"

눈물까지 흘리는 부동산 사장님. 하지만 이미 계약서를 작성 중이었다. 슬쩍 밖을 보니 젊은 남녀 한 쌍이 같이 기다리고 있었다. 어젯밤에 이 물건의 매수를 고민했던 신혼부부로 보였다. 이 부부는 어젯밤 내내 많은 고민을 하고 결정을 내렸을 것이다. 그리고 이 물건을 잡기 위해 오늘 아침에 다시 왔지만 계약금을 넣는 건 내가 빨랐다.

부동산 매매 계약은 무조건 매도인의 계좌에 누가 먼저 계약금을 넣느냐의 싸움이다. 내가 먼저 계약금을 넣었다면 내가 계약을 포기하지 않는 한 나와 계약을 무를 수 없다. 계약금을 보낸 상태에서 매매 계약을 취소하고 싶다면 돈을 보낸 사람은 계약금을 포기해야 하고, 돈을 받은 사람은 배액을 배상해야 한다. 그렇기에 계약을 신중하게 고민할 필요는 있지만 결정은 빠를수록 좋다. 계약할 마음이 있다면 매도인 계좌를 최대한 빨리 받아서 계약금부터 넣어야 한다.

재미있는 것은 계약 때 한바탕 난리를 치고 간 다른 부동산 사장님이었다. 매매계약을 완료한 이후 이 집에서 살 전세입자를 구하는 중이었다. 매매계약을 놓친 것에 대한 아쉬움이 컸는지, 새로운 전세입자는 그 부동산 사장님이 데리고 왔다. 전세계약을 맺을 때 예비 집주인인 나와 세입자, 그리고 각 부동산 사장님들까지 4명이 앉아서 계약서를 작성했다. 계약서를 쓰는데 자꾸 울던 부동산 사장님 얼굴이 떠올라서 표정 관리가 힘들었다. 이처럼 부동산 투자는 사람이 하는 일이다 보니 오늘의 적이 내일의 아군이 되는 경우도 아주 흔하다.

전세 수요에 대한 예측은 적중했다. 세입자는 나보다 10살 정도 많고 아들 딸을 둔 40대 부부였다. 층간소음에서 자유롭고자 1층으로 전셋집을 구하고 있었다고 한다. 아이들은 둘 다 초등학생으로 보였는데 이 아파트는 중학교까지 단지 내에 품고 있으니 장기계약도 가능해 보였다. 부분적으로 수리를 해주는 조건으로 협의한 후 전세계약을 마무리 지었다.

약 5일 정도를 들여 인테리어 공사를 진행했다. 처음 투자한 부동산이라서 공을 많이 들였다. 집에서 차로 한 시간이나 되는 거리였지만 매일 퇴근 후에 가서 그날 수리된 내용을 확인하고 인테리어 사장님과 피드백을 주고받았다. 인테리어는 모두 뜯어내서 수리하는 올수리 인테리어보다 부분 인테리어가 더 어렵다. 시간이

5일밖에 없었기 때문에 도배와 장판 공사, 부분적인 목공, 전기 공사 등만 빠르게 진행했다.

인테리어를 하는 동안 세입자가 새로 산 가구를 공사중인 집으로 먼저 배송시키는 일이 있었다. 나에게 따로 사전문의도 없이 가구를 배송시킨 것에 대해서 강력하게 항의했다. 도배와 장판 공사를 진행해야 하는데 큰 가구가 박스 채로 방에 있으면 공사에 방해가 될 것이 뻔했다. 아파트 전세 잔금을 치르지도 않은 상태에서 공사 중인 집에 가구를 배송한 것은 선을 넘었다고 판단했다. 세입자에게 좋은 집을 제공하는 것은 임대인의 의무라고 생각하지만 서로 선은 지켜야 한다.

나보다 10살이나 많은 세입자였지만 전화해서 당장 다시 가져가라고 얘기했다. 32평형 이상의 주택을 임대하다 보면 임차인 연배가 40세를 훌쩍 넘을 가능성이 높다. 그러나 임대차 계약 앞에서 나이는 큰 의미가 없다. 나는 임대인으로서 최선을 다해 집을 수리하고 있는데, 임차인이 오히려 방해한다면 문제다. 임대인이 어떤 기준을 가지고 있는지 처음에 확실하게 임차인에게 인식을 시켜주면 임대사업이 향후 더 수월해진다.

2016년 입주한 세입자는 벌써 2번이나 계약을 연장하여 2022년 만 6년째 거주 중이다. 2020년 두 번째로 전세 갱신을 진행할 때 첫 계약 당시 시간이 없어서 못 해주었던 싱크대와 화장실 2개를 새로 공사해 주었다. 이 물건은 임대주택으로 등록되어 전세보증금을 5%밖에 올리지 못한다. 돈도 많이 올려받지 못하면서 왜 수리를 해주냐고 부동산 사장님이 염려해 주었지만, 아직 세입자의 아이들이 중학교를 졸업하려면 멀었다고 생각했다.

나는 전세 만기가 다가올 때마다 이 집을 매입할 의사가 있는지 물었지만 세입자는 집을 살 생각이 없었다. 오랜 기간 이 집에서 임차인으로 살 생각인 듯했다. 그렇다면 나도 전략을 짜야 한다. 내가 싱크대나 화장실을 새로 깨끗하게 공사해 주면 임차인의 삶의 질이 올라가 만족감이 높아진다. 이 아파트는 장기임대주택이기 때문에 현재 세입자는 주변 시세의 60% 가격에 전세를 살고 있다. 문재인 정부의 부동산 정책 실패로 전세가가 지난 5년간 폭등했기 때문이다.

그렇다면 이렇게 저렴한 가격에 이만큼 깨끗한 집을 이제는 주변 단지에서 찾을 수 없다. 그러니 임차인이 이사를 갈 확률은 시간이 갈수록 계속 줄어들 것이다. 5% 증액을 해도 남들보다 저렴하게 거주하기 때문에 만족감이 높은 세입자는 계속 이 집에 머무를 가능성이 아주 크다. 내가 세입자를 따로 구하느라 추가 복비를 낼 필요가 향후 몇 년간 없다는 뜻이다. 나는 이렇게 세금도 없이 2년마다 열리는 돈나무를 갖게 되었다.

15장
매도인이 화가 나면 매수인이 손해다

인천에 있는 복도식 19평형 아파트 매매계약 이후 전세계약을 맺는 과정에서 다소 의욕이 앞서 일을 그르친 적이 있다. 통상 전세 레버리지 투자자들은 아파트 매매계약을 체결한 이후에 바로 세입자를 구하는 절차에 들어간다. 내가 매수하려는 아파트에 지금 세입자가 살고 있다면 집을 보러갔을 때 살짝 물어보는 것도 좋은 방법이다. "여기서 더 살 생각이 있으신가요?" 하고 물어보면 된다. YES라면 좋다. 따로 세입자를 구할 필요가 없기 때문이다. 그런 경우가 아니라면 조금의 수고가 필요하다. 새로 들어올 세입자 역시 집을 보고 나서 결정을 내리기 때문에, 지금 살고 있는 집주인이나 세입자가 집을 보여줘야 하는 협조가 필요하다.

내가 매수했던 집은 아직 걷지도 못하는 아기를 키우는 젊은 세입자 부부가 살고 있었다. 게다가 부부가 맞벌이여서 집을 보는 날도 맞추기가 어려웠다. 이는 분명 새로운 전세입자를 구하는 데 마이너스 요인이다. 어린아이가 있기 때문에 부모 입장에서는 낯선 사람이 집에 오는 상황이 불편할 수도 있다. 그래서 사전에 양해를 구하고 배려하는 자세가 필요하다.

집주인과 매매계약을 체결한 이후, 며칠 지나 세입자에게 인사도 할 겸 과일 한 박스를 사서 집 앞에 두고 왔다. 저번에 집을 잘 보여주셔서 매수할 수 있었다는 간단한 감사인사와 함께, 혹시나 시간이 된다면 연락을 부탁드린다고 쪽지도 함께 써두었다. 그날 밤 모르는 번호로 전화가 와서 받아보니 새로 매수한 집의 세입자였다. 투자를 하다 보면 반드시 진실만을 말할 필요는 없는데, 이럴 때 선의의 거짓말이 좀 필요하다. 내가 살려는 목적으로 집을 사긴 했는데 사정상 바로 들어갈 수 없어서 전세를 한 번 주게 되었다고 말했다. 저번에 보니 아이까지 있는데 집 좀 잘 보여달라고 말씀드리기가 너무 죄송해서 과일이라도 놓고 갔다고 말이다.

이렇게 대화하다 보면 분위기는 부드러워진다. 선물을 주고 사과를 먼저 하는 사람에게 화를 내기는 쉽지 않다. 세입자는 괜찮다고 얼마든지 협조하겠다는 약속을 하고 전화를 끊었다.

일이 생각대로 잘 풀리는 와중에 한 가지 실수를 하게 되었다. 집 매매 계약서를 쓸 당시 매도인이 "집에 있던 냉장고는 세입자 것이 아닌 우리 것이니, 매수인이 쓸 의향이 있으면 놔두고 갈게

요"라고 말했다. 나는 어차피 이 집에서 살 생각도 없었고, (비록 실거주로 얘기를 하고 계약을 맺었지만) 세입자가 지금 잘 사용하고 있으니 이사를 갈 때 필요하면 가져가라고 세입자에게 말을 해버린 것이다. 추후 집 좀 잘 보여달라고 부탁을 하면서 과일 주머니만 주고 끝냈어야 했는데, 조금 더 호의를 베푼다고 실수를 했다. 어차피 내가 집주인이 될 것이고 매도인이 냉장고를 알아서 하라고 했으니 문제가 없을 것이라 판단했던 것이다.

문제는 새로운 전세입자가 잘 구해진 이후 매매 잔금일 전날에 터졌다. 이사 나가는 세입자가 매도인에게 냉장고를 가지고 가겠다고 말한 것이다. 뜬금없는 이야기에 놀란 매도인은 "왜 당신이 냉장고를 가지고 가느냐" 물어보았고, 당황한 세입자는 새로운 집주인인 내가 그렇게 말했었다고 얘기하고 말았다.

매도인은 아직 등기도 넘어가지 않았는데 집주인처럼 행동한 내게 기분이 상하여 잔금일에 비협조적으로 변심했다. 두고 간다던 냉장고도 말없이 그냥 가져가 버렸으며 이사 나가는 세입자만 냉장고를 새로 사야 하는 상황이 되었다. 당장 냉장고가 없으면 많이 불편해질 것이라 기존 세입자에게 정말 미안했다. 이렇게 매도인의 심기를 건드리면 온전히 아파트를 양도받기 곤란해지는 상황이 올 수 있으므로 조심해야 한다.

계약서에는 보통 '현상태 계약'이라고 명기한다. 말 그대로 지금 상태 그대로 계약하는 것이다. 계약 시에는 크게 문제될 것이 없다. 미리 집을 보고 난 이후 '현상태 계약'이라고 쌍방이 합의하기 때문이다. 그러나 추후 잔금일이 돼서 기존 이삿짐이 빠지는 상황에서 누수 자국이나 곰팡이 등이 발견될 수 있다. 비록 '현상태 계약'이 명시되어 있지만 이런 문제가 발견되면 매도인과 조금이라도 추가로 협상을 해볼 수 있는 가능성이 있다.

그러나 매도인의 심기가 상당히 불편하다면 어떻게 될까? 이 집에는 붙박이 장롱이 설치되어 있었다. 새로 들어오는 세입자는 장롱을 사가지고 입주 예정이라고 했다. 그래서 계약 당시 도배를 새로 해줄 겸 붙박이장도 철거해주겠다고 약속했다. 그런데 붙박이장을 철거하니 철거한 자리에는 장판이 안 깔려 있었다. 붙박이장을 먼저 설치하고 그 후에 장판을 깔았던 것이다. 이런 예상 못한 일이 벌어져도 매도인에게 협상을 해보기가 어려워진다. 매도인은 화가 나 있기 때문이다.

오전에 기존 세입자가 이사를 나가고 오후에 새로운 세입자가 들어와야 하는 상황이었다. 정해진 시간 내에 급하게 도배와 철거 공사에 장판 공사까지 추가 진행하려니 공사 인부를 더 붙여야 했다. 장판 공사와 인건비까지 추가로 수십 만 원이 더 들어갔다. 그렇게 공사 후 세입자를 받았다.

이후 매수하려는 집에 붙박이장이 설치되어 있으면 '매도인이 미리 철거한다'는 내용을 계약서에 명기하고 있고, 이를 원칙으로 삼고 있다. 예상 못한 상황이 갑자기 벌어지더라도 매도인과 잘 협상하여 문제를 해결하는 것이 좋다. 그러기 위해서는 매도인과 잔금일까지 피차간에 기분 상하는 일을 만들 필요가 없다.

한 가지 더. 매수하고 싶은 집을 볼 때 매도인에게 어떤 말을 하면 좋을까? 집 가격을 조금이라도 더 깎을 생각에 여기저기 흠집 난 곳을 말하면서 유리한 고지를 점하는 것이 좋다고 생각하는 사람들이 많다. 그러나 이런 대처는 최악의 수다. 매도인의 소중한 집을 폄하하지 말기를 바란다. 남의 집을 볼 때는 긍정적인 언어가 더욱 거래를 쉽게 만든다. "관리 잘하셨네요", "집이 너무 환하고 좋습니다" 등의 말로 시작한 이후 원하는 가격 네고를 하는 것이 훨씬 거래가 수월하다. 말 한마디가 천 냥 빚을 갚는다.

16장

매매와 전세 계약을 동시에 할 때

전세 레버리지 투자를 하다 보면 매매 계약을 하는 동시에 전세도 연장 계약을 진행하기도 한다. 본 물건은 내가 거래했던 물건 중에서 가장 조건이 안 좋았던 물건이었다. 도로가 동향 1층 사이드 집. 그야말로 최악의 조건이다. 그런데도 이 물건을 매수한 이유는 가격이 시세보다 저렴했고 4년 전에 살던 당시 집주인이 인테리어를 새로 해놓아서 큰 하자가 없을 것 같다는 이유였다.

여기서 잠깐! 나는 투자할 임대주택을 고를 때 반드시 고려하는 조건이 있는데, '택지에 위치한 국민평형 이하의 아파트, 지하철역에서 도보로 10분을 넘지 않을 것'이다. 이런 기본조건을 만족하는 수준에서 도로가에 위치하거나 남향이 아니라도 입지만 좋다면 괜찮은 매물로 간주하고 더 면밀히 점검한다.

이 집은 기존의 세입자가 전세를 연장하겠다는 의지가 있었기에 매매가와 전세가의 차이인 단 1,000만 원으로 등기 권리증을 가질 수 있었다. 물론 아파트를 살 때는 로얄동, 로얄층을 사는 것이 가장 좋다. 어느 정도 가격이 더 비싸더라도 말이다.

로얄동, 로얄층은 누구나 선호하기 때문에 그 단지에서 가격을 선도하는 역할을 하게 된다. 이런 집은 부동산 시장이 좋지 않은 시기에도 가격을 조금만 낮추면 가장 먼저 팔린다. 그러나 1층 아파트나 사이드, 동향 등의 마이너스 요인이 있는 아파트는 웬만큼 강세장이 아니면 매매가 잘 되지 않는다. 따라서 투자 경력이 많지 않을수록 더욱 좋은 물건을 사야 한다.

매매와 전세를 동시에 진행하는 경우에는 주의할 점이 있다. 매매 계약을 하면 통상 계약금으로 매매대금의 10%를 매도인에게 송금한다. 현재 거주 중인 세입자가 계약 연장에 대한 의지가 있다면 나도 세입자에게 돈을 조금이라도 받아놓아야 한다. 현재의 임대차 보증금과 내가 새로 맺으려는 전세보증금 사이의 차액 일부분이라도 전세 계약서를 쓰면서 받는 방식이다.

예를 들어 내가 아파트를 3억 원에 매수했을 경우, 매도인에게는 계약금으로 3,000만 원을 지급한다. 현재 임차인이 2.5억 원에 전세를 살고 있고, 새로 전세계약을 2.8억 원에 맺는다면 차액인 3,000만 원에서 일부분인 1,000만 원, 혹은 10%인 300만 원이라도 전세 계약서를 쓰면서 받아야 한다. 그렇지 않으면 추후 난감한 상황이 발생할 수 있다.

계약 후 잔금일이 가까워졌는데 갑자기 기존 세입자가 연장을 하지 않겠다고 변심하는 경우 세입자를 새로 구해야 한다. 매매 잔금일은 정해져 있으니 새로운 세입자가 그 전까지 구해지지 않으면 잔금을 내 돈으로 메워야 하는 상황이 발생한다. 통상 전세 레버리지 투자를 하는 투자자들은 세입자의 전세 보증금으로 매매 잔금을 치르기 때문에 이런 일이 발생하면 갑자기 돈을 구할 곳이 마땅치 않아 곤란한 지경에 빠질 수 있다.

매매/전세를 동시에 진행하는 물건은 기존 세입자가 계속 산다는 전제가 깔려 있다. 따라서 추후 집에서 웬만큼 심각한 하자가 발견되지 않는 이상 임대인이 수리비용을 전담하지 않아도 된다. 소모품 같은 경우나 노후에 따른 하자 등은 기존부터 사용해 온 임차인이 부담하도록 해도 논리에 어긋나지 않는다.

임대사업자로서 운영하는 임대주택이 점점 늘어나다 보면 그에 비례해서 세입자에게 연락이 올 일도 늘어난다. 더불어 계약 기간 발생하는 다양한 하자에 대한 수리비용을 누가 부담하는지 반드시 논쟁이 생기게 된다.

누수 같은 심각한 하자가 아닌 단순 소모품은 세입자가 처리하도록 중개소와 미리 말을 맞추면 운영하는 데 수고를 덜 수 있다. 이런 항목들은 미리 중개업소를 통해서 임차인이 입주하는 날 공지를 하게 만들면 된다. 임대인이나 임차인이나 계약 기간 내에 서로 마주치는 일이 적을수록 좋다. 임차인에게 연락이 안 온다면 '무소식이 희소식'이라고 생각하면 된다.

이 물건은 도로가에 위치한 동향 아파트의 1층 사이드라는 극한의 조건인데도 매수를 진행했다. 지금 와서 생각하면 매수를 안 하는 편이 더 나았을 것 같다. 조건이 안 좋은 아파트는 같은 단지 내에서 전세 물건이 쌓이게 되면 순위가 맨 뒤로 밀린다. 만약 전세 만기가 가까워졌을 때 주변에 공급이 많아져 전세가격 약세가 더해지면 심한 경우 역전세의 위험도 발생할 수 있다.

역전세란 기존 2.8억에 전세계약을 했는데 2년 후 전세가가 떨어져서 1,000만 원, 2,000만 원 낮춰서 재계약해야 하는 상황을 말한다. 소위 먹은 돈을 뱉어내야 한다. 나 역시 역전세를 경험한 적이 있다. 그러나 통상 대한민국 부동산 시장이 2년 넘게 약세를 보인 적은 거의 없기 때문에 그 다음 계약에서 뱉었던 돈을 증액하여 받게 되니 너무 걱정할 필요는 없다.

누구나 보금자리가 필요하고 그 보금자리는 사거나 빌려야 한다. 매매시장이 약세를 보인다면 그 수요가 임대시장으로 쏠리면서 오히려 전세가가 방어되는 효과가 발생한다.

이 물건을 매입할 당시 나는 아파트 5채를 동시에 매매하고 있었고, 기존 전세입자가 그대로 살기로 하면서 쉽게 채수를 늘릴 수 있다는 기대감이 있었다. 반면 단 1,000만 원으로 거래한 물건이었지만 조금 더 신중하지 못했던 것이 아쉬움으로 남는다.

17장
내 부동산에 공실이 발생했을 때

이번 장은 부동산 투자를 하면서 유일하게 공실을 겪었던 아파트 이야기이다. 이 물건을 통해서 부동산 비수기가 오기 전에 전세를 맞추지 못하면 얼마나 어려움을 겪는지 알게 되었다. 통상 전세 수요가 가장 많은 시기는 1, 2월과 9, 10월이다. 1, 2월은 학군 수요로 이사가 많을 시기이고 9, 10월에도 추석 이후 계약이 늘어난다.

이 물건은 매수계약서 상 잔금이 11월로, 추석 이후 가을과 늦겨울 사이의 비수기에 걸려서 전세 수요가 별로 없는 시기였다. 결과적으로 매매 잔금일 이후 약 100일의 공실 이후, 2월에 학군 수요로 인하여 이사 오는 세입자를 들이게 되었다.

본 물건은 거실이 확장되어 있는 32평 2BAY 아파트였다. 잔금일 자체가 이미 성수기를 넘어가는 시점이라 마음이 급했다. 기존에 확장된 거실 공사가 제대로 되어 있지 않아서 아예 전체를 갈아엎는 올수리로 진행했다.

거실을 확장하기로 마음먹었다면 인테리어 2가지는 반드시 지키는 게 좋다. 첫째는 확장했으므로 외부 창호는 반드시 2중창 로이유리로 설치해야 한다. 두 번째는 확장부 거실 바닥을 깨서 열선공사를 해야 한다.

그러나 이 아파트는 확장한 거실 외부창도 단창이고, 바닥 열선까지 깔려 있지 않아서 겨울 추위에 약해 보였다. 그러나 인테리어를 진행하면서 확장부 바닥을 다시 깨부수고 공사를 했다가는 성수기가 훌쩍 지나가 집을 찾는 사람이 없을 것 같았다. 그렇다면 불가피하게 공실 기간이 길어질 개연성이 커진다. 그래서 창호만 2중창으로 다시 공사하는 방향을 선택했다. 결론적인 이야기지만 100일의 공실이 발생했고, 차라리 열선공사를 했으면 더 좋았을 것이라는 아쉬움이 남는다.

공실은 투자자에게 상당히 많은 추가비용을 발생시킨다. 당시 32평형 아파트의 올수리 인테리어 비용은 아무리 싸게 잡아도 2,500만 원이었다. 투자자가 인테리어에 돈을 들인 만큼 전세가를 올릴 수 있다면 투자금이 최소화된다. 그러나 공사를 완료하고 보니 전세를 맞추기에는 너무나 시기가 좋지 않았고 결과적으로 약 100일간의 공실이 이어졌다. 어차피 잔금을 먼저 치르고 공사했기에 담보대출을 받은 상태였고, 추가로 100일간 대출을 갚지 못하여 이자가 발생했다.

추가로 드는 돈은 이것만이 아니다. 아파트 관리비가 발생한다. 또한 추후 세입자가 입주하여 대출을 갚게 되어도 대출 기간이 길지 않기 때문에 중도상환 수수료까지 내야 한다. 이래저래 투자자는 마음고생을 하게 된다.

당시 전세물건을 시세보다 10% 더 비싸게 내놓았다. 수요자들이 내 물건을 상대적으로 비싸다고 판단하면 계약은 당연히 가장 늦어질 수밖에 없다. 여기서 임대인이 한 가지 기억할 점은 '계약이 안 되는 이유는 내 물건 자체에 문제가 있기 때문이 아니다'는 점이다. 그 단지에서 가장 수리를 잘한 물건도 찾는 사람이 없으면 계약이 어렵다. 내 물건에 공실이 이어진다고 해도 수도권 역세권에 위치한 아파트는 그 자체로 엄청난 경쟁력이 있다.

투자자 입장에서 운영의 묘가 여기에 있다. 투자자들이 많이 찾는 아파트가 투자대상으로 무조건 좋다고는 말할 수 없다. 이런 아파트 단지를 남들보다 일찍 찾으면 추후 밀려드는 투자자로 인해 내 아파트 매매가 상승분을 취할 수 있다. 다만, 그 투자자들이 내어놓는 전/월세 물건이 많아지면 임차인을 찾는 난도는 높아진다. 매매가 상승과 임차인을 쉽게 들이는 것 사이에서 단기적으로 어떤 부분에 더 중점을 둘지 생각하고 투자해야 한다.

임대를 잘 나가게 하는 것은 집주인의 역량이다. 많은 부동산에 매물을 풀어서 중개인이 양타를 칠 수 있도록 노출을 늘리는 방법도 좋고, 전세물건이 많을 때는 중개인에게 내 물건 먼저 빼주시면 복비를 좀 더 챙겨드리겠다는 약속을 해도 좋다. 그 외에도 내 물건지보다 조금 더 비싼 지역에 전세 매물을 내놓아 상대적으로 가격 경쟁력을 어필할 수도 있다. 다양한 방법이 있으니 고민해 보면 좋은 거래를 할 수 있다.

오히려 공실 상태의 집은 깨끗하고 짐이 하나도 없기 때문에 넓어 보이는 효과가 있다. 보러 올 손님이 있다고 말하는 중개인에게는 비밀번호를 전해주고 집을 보여주면 된다. 공실이지만 방치되었다는 느낌을 주면 안 되기 때문에 아파트 곳곳에 꽃병이나 디퓨저 등을 가져다 놓거나, 현관 앞에 슬리퍼를 가져다 놓으면 임차인들에게 더 좋은 이미지로 어필이 가능하다.

공실이 길어진다고 임대인이 괜히 마음이 급해져서 전세보증금을 많이 깎아버리면 단기적으로는 내 물건이 매력적으로 보일 수 있지만 부동산의 가치를 스스로 낮추는 꼴이 된다. 향후에는 어떻게 될지 모르지만, 임대차 3법의 경우 만기마다 전세금을 내 마음대로 올리기 어려운 시기에는 첫 전세가가 투자자의 투자금을 줄일 수 있는 마지막 기회다. 내 물건에 자신이 있다면 더 높은 가치를 인정받는 것에 너무 겁먹지 않아도 된다. 비록 공실이 생겨도 말이다. 어떻게든 입지가 좋은 곳의 부동산은 공실이 오래가지 않고 반드시 채워진다.

18장
치맛바람은 임대인의 친구

국민평수라 불리는 32평형 아파트는 방이 3개, 화장실이 2개로 구성되다 보니 아무래도 젊은 신혼부부보다는 자녀가 있는 중년의 세입자가 들어오는 경우가 많다. 임차인의 나이는 많거나 적음에 따라 각각의 장단점이 있다.

젊은 신혼부부는 신혼집을 예쁘게 잘 꾸미면서 산다. 가구나 가전이 전부 새 제품이기 때문에 이 집에서 나갈 때까지 집 관리가 상대적으로 잘 된다. 반대로 나이가 좀 있는 세입자들은 아이들이 있어서 아무래도 도배지나 장판 등이 손상될 가능성이 높다. 가구도 새것이 아니라서 신혼부부들처럼 집이 잘 관리될 가능성은 적어진다.

단 신혼부부들은 아이가 태어나서 집이 좁아지거나 청약에 당첨이 되어 나가는 경우가 많아서 오래 머무르지 않는다는 단점이 있다. 그러나 나이가 좀 있는 임차인들은 상대적으로 오래 머물 가능성이 높다. 그 이유는 바로 아이들의 진학 때문이다.

40대, 50대 임차인들은 보통 한두 명의 아이들을 키운다. 그렇기 때문에 학교와 가까운 곳을 찾는 경향이 있다. 초품아(초등학교를 품은 아파트), 중품아(중학교를 품은 아파트)라는 말이 괜히 나온 것이 아니다. 이들은 한 번 자리를 잡으면 그 지역에서 아이들의 교육을 해결해야 하기 때문에 몇 번씩 만기 연장을 하면서 오래 살 가능성이 높다. 임대인 입장에서는 세입자를 바꾸는 것도 다 비용이기 때문에 한 번 입주한 세입자가 오래 살면 관리 면에서 훨씬 수월하다.

2017년 투자한 학군지 아파트의 세입자는 2022년에도 여전히 거주하고 있다. 계약 당시 나눈 대화를 기억해 보면 지금 거주지보다 더 산뜻한 신도시에 자기 집을 가지고 있었다. 그러나 여기에 학군 문제로 전세 거주 중이다.

우리나라 학부모의 치맛바람은 아무도 못 말린다. 특히나 좋은 학교를 보내고 싶어 하는 부모들이 많다. 다소 아파트가 오래되고 부모 본인들이 불편하더라도 자녀교육을 위해서라면 다소 불편함을 감수하는 것이 대한민국 부모의 마음이다. 동네에 학군이 형성되는 것은 생각보다 쉽지 않은 일이다. 시간이 지날수록 더욱 가치가 높아질 수 있다.

아마도 이 집 세입자의 아들은 공부를 잘했나 보다. 외국어 고등 학교에 입학시키기 위하여 아이가 중학생 때 미리 이사를 왔다. 계획대로 외고에 입학한 아들은 2022년 수능을 봤다. 첫째가 대학교에 가면 이사를 가게 될까? 아마도 둘째가 있기 때문에 앞으로 최소 4년은 더 거주할 것으로 예상된다. 그렇다면 아이 둘 학교 졸업시키는 데 총 10년을 거주하게 되는 셈이다. 이미 2번의 전세 만기가 지나갔기 때문에 투자금은 다 회수되었고, 앞으로의 전세금 상승분은 말 그대로 수익률이 무한대가 된다.

팁을 하나 더 공유하자면 학군지에 전세를 사는 부모들은 어느 정도 자본력과 더불어 마음이 넉넉한 편이다. 나는 이 세입자의 아들이 외고에 진학했다는 소식을 듣고 곧바로 짧은 축하 메시지와 함께 식사를 할 수 있는 작은 선물을 보냈다. 자식을 위해 불편을 기꺼이 감수하는 부모가 타인에게 자식 칭찬을 들으면 기분이 어떨까? 그 후로 이 아파트에서는 단 한 번의 클레임도 나오지 않았다. 여유가 있는 세입자분은 웬만한 하자는 모두 스스로 해결하는 모습을 보였다. 이렇게 세입자의 마음을 헤아리면 임대사업은 더욱 쉬워진다.

학군지에 아파트를 잘 사두면 학군에 관심 많은 부모들이 임차인으로 들어와 아이들이 졸업할 때까지 수년간 계약을 연장할 가능성이 커진다. 요즘은 외고에 보내기 위해서 중학교 학군부터 찾는 등 그 연령이 점점 내려오고 있다. 전세만 잘 맞출 수 있다면 학군지 아파트는 정말 좋은 돈나무로 무럭무럭 성장한다.

지인 중에 대치동 은마아파트를 가지고 있는 분이 있다. 정작 주인은 거기서 10년 남짓 살았지만, 이후 들어온 세입자는 현재 20년 가까이 거주하고 있다고 한다. 오직 자녀 교육을 위해서 40년이 넘은 낡은 아파트에서 부모가 고생한 셈이다. 실상 자식들은 일찌감치 고등학교를 졸업하고도 한참 되었는데 세입자가 대치동을 떠나지 못하고 있다.

편리한 강남의 인프라를 상대적으로 저렴하게 누린다는 혜택 때문일까? 이처럼 구축 아파트여도 학군이 좋으면 그 가치가 쉽게 내려가지 않는다. 학군지 아파트는 아주 좋은 투자처가 되니 반드시 투자대상을 고를 때 고려할 만하다.

19장
중개인을 최고의 동료로 만들자

중개인의 능력을 최대치로 활용하는 것은 투자자가 가져야 할 주요 전략 중 하나다. 1호 매수물건에서 차로 10분 정도 떨어진 곳에 복도식 작은 평수로 구성된 단지가 있었다. 이 단지를 너무나 갖고 싶었으나 그동안 급매가 없어 기회를 놓쳤다가 드디어 급매를 찾았다. 이 지역은 서울의 업무지구와 접근성이 매우 좋았지만 주변 지역에 비해서 가격이 터무니없이 저평가되어 있었다.

이 물건을 가지고 있는 부동산 사장님은 멋진 중년 남성이었다. 처음 부동산에 들어가니 마치 교수님처럼 그 지역에 대한 브리핑을 조곤조곤 해주셨다. 대부분 알고 있는 내용이었는데도 설명을 너무 잘해서 가만히 듣고만 있었다. 부동산을 여러 곳 돌아다니다 보면 이렇게 선생님처럼 가르쳐주는 사장님들을 만날 때가 있다.

이런 분들은 해당 부동산에 대한 해박한 지식을 자랑하고 싶은 경우가 많기 때문에 잘 알고 있는 지역이라도 경청해서 듣는 것이 좋다. 잘 들어주기만 해도 상대방에게 호감을 줄 수 있기 때문이다.

게다가 나에게 이렇게 브리핑을 할 정도로 정성을 쏟는다는 것은 이 물건을 반드시 팔겠다는 의지가 크다는 증거다. 중개인이 나에게 시간을 쏟는 만큼 나는 더 유리한 조건으로 거래를 유도하는 것이 좋다. 손님을 잠재적 매수인으로 생각하지 않으면 중개인은 거들떠보지도 않는다.

장장 30분이 넘는 브리핑을 마치고 물건지에 가서 물건을 직접 보고도 좀 더 고민하겠다는 말만 남기고 부동산을 나왔다. 이 물건을 사려는 확고한 마음이 있었지만 좀 더 좋은 조건으로 계약하기 위한 전략적 행동이었다. 밤 10시까지 물건을 보여주고 중개하던 사장은 내가 그냥 가려고 하니 상당히 당황한 눈치였다. 조급함을 억누른 채 잠을 청한 후 다음날 중개소에 다시 전화를 걸어 이렇게 얘기했다.

"매도인이 가격을 더 내릴 의향이 있다면 매수하겠습니다."

계약 이후 나중에 들은 얘기지만, 내가 첫날 자리를 박차고 일어나자 부동산 사장님은 상당히 자존심이 상했다고 한다. 이미 매도인에게 거래가 될 것 같다고 얘기를 해두었는데 매수인이 그냥 집에 가버리니 부동산 사장님도 조바심이 났다고 한다.

거래와 협상에서 '조급함'은 자신을 불리한 위치에 놓이게 한다.

불리한 위치에서는 상대적 열세로 시작할 수밖에 없다. 처음부터 일이 꼬일 확률이 높아진다. '못 사면 말지' 하는 나의 느긋한 행동, 즉 노림수가 통한 케이스였다.

이후로 장장 사흘간 매도인과 밀당을 하면서 내가 원하는 가격까지 깎아내려 갔다. 매도인이 그 가격은 도무지 힘들다고 얘기하자, 자존심 강한 부동산 사장님은 자기가 매도인에게 받을 복비까지 절반으로 줄이는 조건으로 거래를 성사시켜 주었다. 계약서를 다 쓰고 매도인 계좌에 계약금을 송금했더니 그제야 부동산 사장님이 "어디서 이런 꾼이 나타났느냐"며 웃었다.

내가 사흘 동안 깎은 아파트 가격은 정확하게 600만 원이었다. 몇 억짜리 아파트 사면서 고작 600만 원 싸게 사려고 3일을 쓰냐고 묻는다면, 반대로 묻고 싶다. "단 하루 일하고 200만 원을 버는 일이 있다면 안 하겠는가?" 중개인과 말만 잘하면 되는 일인데 말이다.

중개인은 말 그대로 매수인과 매도인 가운데에서 거래를 중개해 주는 분들이다. 내가 매도인과 직접적으로 가격 협상을 하는 것이 아니기 때문에 좋은 거래를 하기 위해서는 중개인분들에게 많은 도움을 받아야 한다. 중개인이 언변이 좋은 타입이라면 귀를 기울이고, 반대로 잘 들어주는 타입이라면 당신이 얘기를 많이 하면 좋다. 어떻게든 관계를 쌓아야 투자에 도움이 된다.

개인적으로 중개인에게 가장 큰 도움을 받은 때는 결혼 후 신혼

집을 팔고 이사를 갈 때였다. 퇴근 후 매일 부동산에 출근도장을 찍었다. 내 마음에 드는 집을 찾기 위해서는 더 많은 아파트를 보러 다니는 수밖에 없었다. 집에서 지하철로 한 시간 거리에 있는 물건지를 매일 찾아가서 주변 부동산을 다 돌며 좋은 물건이 있는지 물어보았다. 괜히 어제 갔던 부동산도 오늘 또 방문하여 인사만하고 집에 가기를 수차례 반복했다. 그러다가 마음에 드는 아파트길 건너에 있는 부동산 한 군데에서 드디어 연락이 왔다.

언젠가 어깨가 아파서 부항을 뜨고 목에 자국이 남은 상태에서 부동산을 돌아다닌 적이 있었다. 노림수는 아니었지만 부동산 사장님의 눈에는 젊은 남자가 부항 자국까지 달고 매일 부동산에 인사하러 오는 게 딱해 보였나 보다. 마침 그 아파트에 잘 아는 언니가 물려받을 유산이 좀 있어서 40평대 아파트로 이사 갈 생각을하고 있었다고 한다. 그래서 그 언니에게 싼 가격에 40평 아파트를 살 수 있게 도와줄 테니 지금 사는 아파트를 나에게 싸게 팔자고 제안했다는 것이다.

덕분에 그 물건은 미처 네이버 부동산에 매물로 올라가기도 전에 나에게 먼저 선택권이 주어졌다. 가격 역시 평균 시세보다 10% 이상 저렴했기 때문에 바로 매매 계약을 진행했다. 이렇게 부동산 중개인에게 인사만 잘해도 투자자에게 떡고물이 떨어질 수 있다. 기분 좋게 인사하다 보면 기분 좋은 일이 불현듯 일어날 수 있다.

집을 사고 싶은 곳이 있다면 한 달 정도만 주변 부동산을 친구

만나러 가듯이 돌아다녀 보자. 한 손에 음료수라도 들고 가면 효과는 더 높아진다. 중개인에게 나를 더 많이 노출할수록 신뢰도가 올라가고, 그들에게 매매 수수료를 벌어다 줄 수 있는 사람이라는 인식을 각인시킬 수 있다.

그 이후에는 관계 쌓기다. 사장님 안부도 묻고 커피도 마시며 시간을 보내 보자. 그래야 급매가 나왔을 때 나에게 먼저 연락이 온다. 그리고 거래가 끝나고 나서도 감사 인사를 잊지 말자. 필요 시 중개인에게 자신이 투자자임을 밝히는 것도 좋다. 중개인도 수수료가 목적이라서 확실한 매수 의사가 있는 사람을 좋아한다. 중개인에게 확신을 줄수록 그들이 먼저 연락할 확률이 높아진다. 좋은 관계가 충분히 형성만 된다면 급매를 사는 것이 그렇게 어려운 일이 아니다. 남다른 노력 없이는 남보다 앞설 수 없다는 사실을 잊지 말자.

이처럼 해당 부동산과 단골손님의 연을 맺는다면 일이 일사천리로 진행되고 해결된다. 잔금일에 직접 가지 않아도 부동산 사장님이 알아서 매도인 대응 다 해주고, 입금/송금부터 법무사 대응, 기존 살던 분의 관리비 정산과 새로운 임차인의 이사 도우미까지 다 해준다. 중개소 사장님들과의 돈독한 관계는 투자자에게 1순위임을 꼭 기억하자.

20장
월세입자 낀 아파트 입주 물건 만들기

이번 장에서는 투자한 임대아파트 중에서 매입 과정이 가장 좋았다고 자평하는 물건 이야기를 해보겠다. 수도권 역세권에 위치한 용적률 150%대의 주공 아파트인데 당시 급매를 찾기 위해서 해당 단지뿐 아니라 주변 단지의 부동산까지 다 뒤지고 다녔다.

　그러나 며칠 동안 물건지 주변의 부동산을 다녀봐도 마음에 드는 물건 찾기가 어려웠다. 부동산을 열심히 돌아다니다 보면 그 동네 중개인들에게 소문이 나기 시작한다. 그래서 '돈 없는 남자가 급매 뒤지고 다닌다'는 소문의 주인공이 된 적도 몇 번 있다. 싼 물건만 찾아다니는 매수인은 귀찮은 존재일지도 모른다. 그러나 그런 중개인들 틈에서도 문을 두드리면 기회가 보인다. 물건지와 지하철로 한 정거장이나 떨어진 곳에 있는 부동산에서 내 소식을 들고 전화가 온 것이다.

해당 부동산도 이 물건을 직접적으로 가지고 있는 것은 아니었다. 원래 이 물건을 가지고 있던 부동산이 다른 지역으로 이사를 가면서 해당 부동산 사장님에게 추후 매매를 일임한 물건이었다. 하지만 물건지와 거리가 떨어져 있고 매물을 다른 곳과 공유하는 부동산도 아니다 보니 장부에 꽁꽁 숨겨둔 물건이었던 것이다.

매도인은 영등포에 사는 나이가 많은 어르신으로, 딸 명의로 사 놓은 이 아파트를 매도할 예정이었다. 매도인이 이 지역에 살지 않기 때문에 시세를 잘 몰랐고, 부동산 사장님도 얼른 물건을 정리하고 싶은 마음이었다. 해당 물건은 로얄동, 로얄층인데도 평균 시세보다 5% 저렴하게 살 수 있었다.

이 물건은 운이 좋게도 신혼부부가 월세입자로 들어가 있었다. 월세로 임대를 준 물건이 매물로 나오면 투자자들은 주목할 필요가 있다. 투자자가 전세 레버리지 투자용으로 매입하기 최적의 물건이기 때문이다. 이 물건에 대해 내가 했던 방법을 잘 알아두면 당신도 추후 월세입자가 사는 물건만 찾아다닐지도 모른다.

통상 월세입자가 살고 있는 물건은 매매계약서를 쓸 때 월세입자 만기에 잔금을 치른다. 월세입자가 나가는 날 새로운 세입자가 들어오는 것이 기본 일정이다. 계약일 당시 월세입자의 임대기간은 2개월이 남았으나, 잔금일은 넉넉하게 한 달 추가하여 3개월 뒤로 잡았다. 잔금을 뒤로 뺀 이유는 어떻게든 새로운 전세입자를 구할 수 있는 기간을 성수기의 후반부까지 넉넉하게 잡기 위해서였다.

부동산 매매잔금은 최대한 성수기 후반(3,4월/9,10월)까지 미뤄야 하고, 기존에 살던 월세입자는 어떻게든 성수기 초반(1,2월/7,8월)에 내보내야 내가 편하다. 그래야 성수기 기간에 인테리어 공사를 마무리하고 깔끔한 집을 새로 들어올 전세입자가 구경할 수 있기 때문이다.

사람이 살고 있는 집은 좁아보이기 마련이다. 각종 살림살이가 공간을 차지하기 때문이다. 반면 깔끔하게 수리된 아파트는 넓고 쾌적해 보인다. 집을 보러온 사람들에게는 당연히 후자가 더욱 매력적으로 보인다.

이렇게 작업하기 위해서는 애초에 매매 계약서를 쓸 때 매도인과 협의가 필요하다. 내가 신혼부부로서 처음으로 집을 사는 거라서 깔끔하게 인테리어를 한 후 입주를 원한다고 얘기를 한다. 기존 월세입자를 만기일에 먼저 내보내고 공사 후 입주할 수 있도록 매매 잔금일을 월세입자 만기일보다 한 달 정도 미뤄달라고 요청하는 것이다. 강조하지만 이런 방법이 가능한 이유는 현재 '월세입자'가 살고 있기 때문이다.

통상 전세입자는 수억의 보증금을 내고 들어온다. 반대로 월세입자는 전세입자보다 훨씬 적은 보증금을 내고 매달 월세를 내는 사람들이다. 월세입자들이 퇴거할 때 받아가는 보증금이 적기 때문에 아파트를 매수하는 투자자가 그 비용을 부담할 수 있다.

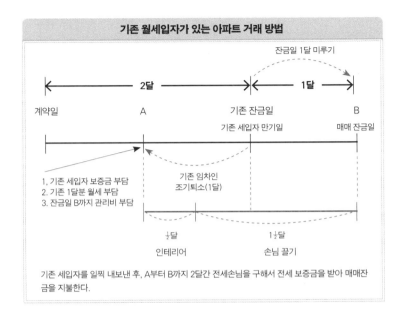

기존 월세입자가 있는 아파트 거래 방법

잔금일 1달 미루기

2달

1달

계약일　　　　　　　　A　　　　　　기존 잔금일　　　　　　B

기존 세입자 만기일　　　　매매 잔금일

1. 기존 세입자 보증금 부담
2. 기존 1달분 월세 부담
3. 잔금일 B까지 관리비 부담

기존 임차인
조기퇴소(1달)

½달
인테리어

1½달
손님 끌기

기존 세입자를 일찍 내보낸 후, A부터 B까지 2달간 전세손님을 구해서 전세 보증금을 받아 매매잔금을 지불한다.

매매 잔금일을 기존 세입자 만기일보다 뒤로 미루는 과정에서 매도인을 설득할 수 있는 카드로 3가지가 있다.

첫 번째는 통상적인 액수를 넘는 계약금을 주겠다고 하는 것이다. 보통 매매대금의 10%를 주지만 거기에 1, 2천만 원 정도를 더 주면 된다. 줄 돈을 먼저 주겠다는데 싫어하는 매도인은 없다.

두 번째로는 월세입자 보증금을 매수인인 내가 중도금으로 지급하는 방법이다. 매도인의 입장에서는 월세입자가 나갈 때 보증금을 돌려줘야 하는데, 보통 매수인에게 받은 계약금에 보태서 돌려준다. 매도인 입장에서는 부담이라면 부담일 수 있다. 그러나 월세입자 만기일에 돌려줘야 하는 보증금을 매수인이 미리 주겠다고 하면 매도인 입장에서는 부담이 사라진다. 그렇기 때문에 매도인을 설득하는 데 효과가 좋은 카드다.

세 번째는 만기일 이후 월세입자가 빠져나간 다음부터 잔금일까지 나오는 관리비를 매수인이 부담하겠다고 제안하는 것이다. 이건 어떻게 보면 당연한 조건으로 인테리어를 하면서 전기와 물을 사용하기 때문이다.

이 세 가지 조건을 제시하면 매도인은 이 협상이 자신에게 매우 유리하다는 생각을 할 것이다.

이렇게 잔금일을 최대한 뒤로 미뤄놓고 계약을 마무리한다. 다음은 현재 거주 중인 월세입자를 빨리 내보내는 작업이 필요하다. 매매 계약을 마친 후 며칠 지나면 부동산에 전화해서 현재 살고 있는 월세입자가 최대한 만기 전에 이사갈 수 있도록 새로운 집을 빨리 알아봐 달라고 부탁한다. 기존 세입자에게도 일찍 나가준다면 이사비를 조금 보태준다고 제안을 하면 좋다.

이렇게 해서 기존 월세입자를 임대기간 만기일보다 30일 먼저 내보낼 수 있다면 어떻게 될까? 내 매매 잔금일은 미리 임대기간 만기일보다 30일 뒤로 미뤄놓았다. 나에게는 '월세입자가 빨리 나가면서 생긴 만기일 전 30일'과 '계약 당시 미리 확보한 만기일 후 30일'을 합친 총 60일의 공실 기간이 생긴다. 인테리어 일정을 잘 잡아서 기존 세입자가 퇴거하는 날 바로 올수리 인테리어를 시작하여 15일 이내로 마무리 지으면 약 45일간 신축 같은 깨끗한 상태로 전세를 구하려 다니는 사람들에게 어필이 가능해진다.

이렇게 월세가 들어 있는 물건을 잘 거래한다면 신혼부부 등의 젊은 세입자들이 선호하는 깔끔한 올수리 아파트로 바꿀 수 있다. 내가 가진 필살기 중 한 가지를 공개하는 것이니 당신도 잘 활용해 보기 바란다.

21장
전세입자 낀 아파트 입주 물건 만들기

이전 장에서 월세가 낀 물건을 매입하는 기술을 배웠으니, 이번 장에서는 기존 전세입자를 낀 물건을 저렴하게 사서 입주가 가능한 물건으로 만드는 방법을 알아보겠다. 통상 입주가 가능한 물건이 아닌 전세가 껴서 만기가 몇 개월 남은 물건은 가격이 상대적으로 저렴하다. 입주가 불가능한 물건은 살 사람이 투자자 수요밖에 없으므로 가격이 저렴할 수밖에 없다.

이번 물건은 매입하려고 했던 당시 매도인이 내놓은 매매가와 기존 세입자의 전세금이 약 5,000만 원 차이가 났다. 즉 5,000만 원만 내면 전세를 끼고 살 수 있는 물건이었다. 매도인은 계약일 기준 2개월 뒤 잔금을 치르길 원했고, 전세입자 만기는 6개월이나 남은 물건이었다. 매입을 해야 되나 상당히 고민을 했지만 매매가가 너무나 매력적이었다.

투자자로서 선택의 순간이다. 매매와 전세 차액 5,000만 원을 6개월이나 묶인 상태로 가져갈 가치가 있는지 고민했다. 실전 투자자에게는 목돈이 묶이는 것만큼 안타까운 일이 없다. 돈이 묶인다는 것은 자금흐름이 막힌다는 것이며, 끊임없이 돈을 굴려야 하는 투자자에게는 동맥경화와 같다.

투자자라면 전세입자를 만기보다 일찍 내보내서 없는 물건도 만들어 낼 줄 알아야 한다고 생각한다. 그러기 위해선 선의의 거짓말을 좀 보태야 하는데, 내 편의를 위해서 남이 피해를 본다면 그것은 악한 짓이지만 그 누구도 손해를 보지 않는다면 WIN-WIN 전략이 된다.

우선 어떻게든 전세 성수기 초반(1,2월/7,8월)에 세입자를 내보내는 것이 먼저다. 그러기 위해서 매도인과의 빠른 잔금은 필수다. 명의가 내 것으로 넘어와야만 세입자와의 협의가 편해지기 때문이다. 잔금을 일찍 처리하고 나서, 전세가 가장 잘 나갈 수 있는 시기를 선정하여 세입자에게 따로 연락을 한다.

현재 세입자를 내보내기 위해서는 미리 시나리오를 만들어 가야 한다. 내 경우는 다음과 같았다. '나는 결혼을 한 지 얼마 되지 않은 신혼부부인데 돈이 없어서 부모님 집에서 함께 살고 있는 중이다. 그러는 와중에 첫 아이가 생겼으나, 이곳에 직장 파견을 몇 개월 뒤에 오게 될 예정이다. 그래서 독립을 하기 위해서 이 집을 구매한 상황이다. 그런데 급작스럽게 파견 일정이 앞당겨지고 말았고, 핏덩이 아기와 주말부부가 되어야 하는 상황이다. 아직 세입자분의 만기가 남아 있는 것을 알지만 새로 집을 구하셔서 이사를 나가는 데 필요한 비용을 일부 지원해 드릴 테니 일찍 나가주실 수 있는지 문의드린다'는 시나리오다.

세입자에게는 새로 구하는 집에 대한 부동산 복비를 지원하겠다고 하면 좋다. 세입자의 이사 비용까지, 즉 몇 백만 원 정도를 사례비로 지원하더라도 일찍 내보낼 수 있다면 그게 낫다. 전세가 낀 물건을 사서 시세보다 몇 천만 원을 저렴하게 샀기 때문이다. 5,000만 원을 몇 개월 묶이는 것보다 몇 백만 원의 단기 지출이 더 낫다는 뜻이다. 사례비로 쓴 금액 정도는 인테리어를 잘해놓으면 전세 보증금을 올려 받는 방식으로도 충분히 회수 가능하다.

어차피 거주 중인 세입자는 몇 달 있으면 퇴거해야 하는 상황이고 복비와 이사비가 들어야 한다. 계약일보다 몇 개월 일찍 나가면서 복비와 이사비를 지원받는 것이 더 이득이 될 수 있다. 물론 선택은 세입자의 결정에 달려 있지만, 적어도 그들에게 금전적인 이득을 안겨줄 수 있다는 점이 중요하다. 내가 투자를 하면서 남에게 해를 끼치는 일은 있어선 안 된다.

세입자가 요청에 따라주겠다고 하면 기존 전세금의 10% 정도를 먼저 반환해 주자. 그 돈을 계약금 삼아서 새로운 집을 계약할 것이다. 그리고 며칠 지나서 다시 세입자에게 전화를 한다.

"급작스럽게 파견 일정이 취소되어 일찍 안 나가셔도 되는 상황이 되었다. 그러나 이미 이사 나가실 날짜는 정해졌으니, 약속한 복비 및 이사비는 지원해 드리겠다. 이번에 부득이하게 전세입자를 한 번 받아야 되는 상황이니 부동산에서 오면 집을 잘 보여주시기를 요청드린다"고 얘기하면 된다. 세입자분에게 난감한 상황을 만들어드려 죄송하다는 말과 함께 추가로 작은 선물을 준비하면 좋다.

정리하자면 기존의 세입자는 어차피 다가오는 만기보다 좀 더 일찍 집을 나가게 되었지만 복비와 이사비용을 지원받았기 때문에 금전적으로 아쉬울 것이 없다. 투자자 입장에서는 시세보다 저렴하게 매입했고, 전세도 비싸게 낼 것이기 때문에 기존 세입자에게 주는 비용은 크게 문제가 되지 않는다. 5,000만 원의 목돈을 6개월씩 묶어두어야 하는 애물단지 물건이 올수리 아파트로 변신하여 누구나 선호하는 전세 입주 물건이 된다. 이런 방식으로 이 아파트를 전세까지 세팅하는 데 딱 2,500만 원이 들었다.

묶이는 돈이 5,000만 원에서 2,500만 원으로 절반이 된다면 남은 돈으로는 무엇을 해야 할까? 나의 경우 또 다른 아파트를 사는 데 사용했다. 이 모든 과정이 귀찮은 일이지만 낀 물건을 저렴하게 매입할 수 있는 실전 팁으로 활용할 수 있다.

22장

투자자가 알아두면 좋은 3가지 팁

💲 KB부동산 시세가 없는 부동산 대출받기

일전에 임대를 놓았던 아파트 세입자가 만기가 되어 나간다고 하
길래 전세를 새로 내놓았다. 그러나 하필 그 시기, 주변에서 발생
한 신축 공급으로 인하여 구축은 세입자를 구하기가 매우 어려웠
다. 세입자의 만기까지 신규 세입자를 구하지 못하면 대출을 받아
전세보증금을 내줘야 하는 상황이었다.

보통 대출금은 KB부동산 시세를 기준으로 은행마다 빌릴 수 있
는 금액이 정해진다. 그런데 갑자기 그 단지 아파트의 KB시세가
안 나오는 것이다. 그해 초까지만 해도 시세가 잘만 나오던 아파트
였는데, 왜 갑자기 시세가 사라져 버렸을까?

확인차 KB부동산 고객센터에 전화를 걸었더니 시세를 제공하는 부동산이 없어져서 그렇다는 답변을 받았다. 시세를 제공하던 부동산이 없어지다니 도대체 이게 무슨 말일까? 그럼 시세를 다시 나오게 하려면 어떻게 해야되는지 물었다. 상담원은 내가 직접 그 지역 부동산 2군데 정도만 사전 동의를 얻어 KB시세 감정에 협조해 달라고 부탁을 하면 된다고 했다. KB시세도 결국은 그 지역 부동산에서 시세를 확인 후 결정된다는 사실을 알 수 있었다.

KB시세와는 별도로 실질적으로 대출을 받으려면 은행 같은 금융기관으로 가야 한다. KB시세가 없는 아파트라면 각 금융기관에서 감정평가사에게 연락을 한다. 이 감정평가사가 시세를 파악하고 나서 은행에 알려주면 그 기준으로 대출금을 정한다. 그런데 아파트에 대한 감정평가도 결국은 사람이 하는 일이다. 그래서 평가사마다 내놓는 결과 값이 차이가 난다. 투자자 입장에서 보면, 대출이 많이 나올수록 내 돈이 적게 묶이기 때문에 내 물건에 대해 최대한 고평가를 해주는 감정평가사가 좋을 수밖에 없다.

부동산 대출을 받고자 할 때 만약 KB시세가 없다면 어떻게 대처하면 좋을까? 먼저 주변의 친한 부동산 사장님에게 부탁하여 최대한 KB시세가 높게 나올 수 있도록 도움을 요청할 수 있다. 만약 도움을 받을 만한 부동산 사장님이 없다면 여러 금융기관에 문의해서 가치를 가장 높게 평가해주는 곳을 고르면 된다.

열심히 알아보는 만큼 더 좋은 조건으로 대출을 받을 수 있고,

이로 인해 묶이는 돈을 줄일 수 있다. 부동산 투자자라면 부지런히 손품과 발품을 팔아야 한다.

💲 아파트 여러 채를 동시에 매매하는 법

2016년 7월 1호기를 시작으로 5호기까지 매매하는 데 걸린 시간은 불과 2개월 남짓이었다. 가격만 수억에 달하는 아파트 5채를 2달 만에 매수하고 전세까지 주는 것이 어떻게 가능했을까? 마치 홍길 동처럼 동에 번쩍, 서에 번쩍하는 신통력이라도 가졌기 때문일까? 부동산 투자에 뜻이 있는 사람들이라면 궁금증이 클 것이라 생각한 다. 이것이 가능하려면 약간의 자금운용 노하우가 필요하다. 가장 중요한 것은 내가 매수할 부동산의 매매계약서를 쓴 이후, 새로운 전세입자를 구해서 전세계약서를 쓸 때 매도인이 아니라 매수인인 내가 계약서를 쓰는 것이다. 아직 잔금이 넘어가지 않은 상태이기 때문에 등기부등본에는 내 이름이 찍혀 있지 않겠지만, 매매계약서 를 증거로 부동산 중개인의 도움을 받으면 진행이 가능하다.

왜 내가 전세계약서를 쓰는 것이 중요할까? 전세계약금을 내가 받을 수 있기 때문이다. 예를 들면 3억 원짜리 집을 사서 계약금 3,000만 원을 매매계약금으로 매도인에게 지불했더라도, 바로 2.5 억 원에 전세계약을 진행해서 2,500만 원을 전세계약금으로 받으면 나는 500만 원만 잔금일까지 묶이는 셈이다.

그리고 이 2,500만 원을 다음 매매계약의 계약금으로 활용할 수 있다. 동일하게 2억 원 집을 사서 1.8억 원에 전세를 주면 또 200만 원만 묶이게 된다. 이런 식이라면 아파트 2채를 사는데 2,700만 원만 단기에 묶이면서 자금의 유동성이 확보되는 것이다.

또한, 매매계약금 이후 중도금을 매도인들이 받는 것을 최대한 방지해야 한다. 중도금 없이 계약금과 잔금, 이렇게 2단계로만 매도인에게 돈이 넘어가게 해야 한다. 그러나 반대로 내가 돈을 받아야 하는 전세계약은 중도금을 받기로 명기해 두면 좋다. '전세에도 중도금이 있나?' 하는 사람도 있겠지만 이 역시 중개인과 함께 세입자를 잘 설득하면 진행이 가능하다.

핵심은 내가 받을 돈은 빨리 받고, 줄 돈은 늦게 주는 것이다. 이는 자본주의에서 부자들이 돈을 버는 원리 중 하나. 예를 들면 보험사 같은 경우다. 보험사는 받을 돈은 매달 고객들에게 따박따박 받는다. 그리고 그것을 활용하여 돈을 불린 후, 먼 훗날 우리가 죽을 때나 돈을 돌려준다. 우리도 이렇게 자금운용을 할 필요가 있다.

⑤ 인테리어 만족도 최고 가치 3대장

아파트를 산 후 수리를 할 때 내 기준에서 가장 만족도가 높은 3가지 공사가 있다. 임대를 주는 주택에서는 선택사항이지만 내가 직접 실거주로 들어가는 경우에는 반드시 이 공사를 강력하게 추천한다.

첫 번째는 난방배관 계통이다. 돈이 좀 들더라도 난방 효율 면에서 만족도가 상당히 높다. 오래된 분배기와 해당 배관을 교체하면 기존에 깔려 있던 엑셀배관 청소도 함께 진행이 필요하다. 그간 구축 아파트에서 오랫동안 사용한 난방배관 내 불순물들이 씻겨나가면서 온수가 잘 돌게 만드는 것이다.

사람도 혈관에 지방이 쌓이면 피가 잘 돌지 않아서 건강에 문제가 생긴다. 아파트 역시 난방 효율이 떨어지게 되면 기껏 비싼 돈을 주고 공사를 해도 겨울 동안 추운 집에서 살아야 한다. 특히 아이가 있는 집은 집 온도 유지가 매우 중요하다. 난방배관 계통은 한 번 교체해 놓으면 언제가 될지 모르는 재건축이나 리모델링 때까지 큰 불편함 없이 살 수 있다.

두 번째는 창호 공사다. 실거주를 위한 공사에서 창호만큼 만족도가 높은 공사는 없다. 기존 낡은 창호를 제거하고 새로운 창호를 설치하면 소음 차단과 단열 효과가 상당히 좋아진다. 소음 차단과 단열만 잘 되어도 삶의 질이 수직상승한다. 도로가에 위치한 발코니 확장 아파트라도 2중창을 설치하면 소음으로 고생하는 일이 많이 줄어든다. 오히려 윗집이나 아랫집에서 떠드는 층간소음이 더 시끄럽게 느껴질 것이다.

나는 실거주나 임대주택이나 수리를 하게 되면 무조건 창호는 새로 공사를 했다. 요즘은 세입자들 역시 새로 공사한 창호를 선호하고 집을 구할 때 참고사항에 넣는다. 살아보면 만족도가 다르기 때문이다.

마지막 세 번째는 현관 앞 중문 설치다. 복도식 아파트는 물론이고, 계단식 아파트 역시 현관 외부에서 들어오는 외기를 차단하는 것이 중요하다. 중문을 설치하면 외기를 현관에서 차단해 버리기 때문에 단열 효과가 올라가서 난방비도 절약할 수 있다. 또한 중문을 설치하면 우리 집에서 발생하는 소음이 외부로 흘러나가는 것도 방지된다. 집 앞에서 엘리베이터를 기다리는데 건너편 집에서 나오는 대화 소리를 들어본 경험이 있을 것이다. 만약 당신이 프라이버시를 중요하게 여긴다면 중문은 필수로 설치해 보길 권한다.

위에서 언급한 3가지 인테리어는 임대주택보다 실거주에 강추하는 공사다. 단, 좋은 가격에 전세입자를 구하고 싶다면 새시 외에 화장실, 싱크대 공사를 하기 바란다. 그렇다면 결혼을 앞둔 젊은 여성분의 선택을 받을 확률이 높아진다. 부동산 결정권은 남자가 아닌 여자에게 있다는 사실을 반드시 기억하자.

마지막으로 인테리어 비용 중에서 추후 아파트 양도 시 비용처리가 가능한 항목을 알고 있어야 한다. 아파트 새시 비용, 보일러 교체 비용, 방 확장에 따른 시설 공사비 등은 반드시 따로 현금영수증을 챙겨놓아 추후 양도소득세를 줄이는 증빙에 활용해 보자.

돌이켜보면 질투 때문이었다. 내가 부동산에 첫발을 내딛게 한 원동력 말이다.

회사 입사동기였던 동갑내기 친구가 있었는데 이 친구는 주식 투자에 전혀 관심이 없었지만 동기 중에서 가장 빠르게 서울에 집을 마련했다. 자신은 회사도 설렁설렁 다닌다고 말하고, 승진도 빠르지 않으면서 언제 그렇게 돈을 모아서 집을 산걸까 너무나 궁금했다. 내가 모르는 어떤 특별한 방법이 있을 것이라 의심했다.

그러던 중 동기의 어머니가 부동산 중개일을 한다는 사실을 알게 되었다. 동기의 자산 증식 방법은 너무나 간단했다. 그냥 월급의 대부분을 저축한 이후에 어머니가 좋은 물건을 추천해 줄 때마다 전세를 끼고 아파트를 반복해서 샀던 것이다.

내가 입사했던 2010년은 2008년 미국에서 터진 서브프라임 사태로 인하여 글로벌 금융위기 이후 바닥을 친 경제가 천천히 회복되던 시기였다. 당시 한국의 부동산 시장도 크게 망가져서 부동산 버블이 터지고 가격이 많이 하락한 상태였다. 동기는 2010년부터 월급을 모아 바닥권에서 부동산을 모아가고 있었던 것이다. 당시 부동산 시장은 집을 사려는 사람들이 사라지고 다들 임차인이 되려고 했기 때문에 오히려 전세가격이 올라 매매가와 크게 차이가 안 나던 시절이었다. 전세를 끼고 집을 사기 좋은 타이밍이었다.

'부동산이 도대체 뭐길래? 저렇게 단순하게 아파트만 사도 매일 경제공부를 하는 나보다 자산이 빠른 속도로 늘어날 수 있을까?'라는 생각이 들면서 부동산을 공부하는 계기가 되었다.

당신이 만약 현재까지 무주택자로 살아왔다면 지난 몇 년간, 특히 2020년과 2021년 드라마틱하게 폭등하는 부동산을 보면서 아쉬움이 컸을 것이다. 물론 부동산이 상승기가 있으면 2022년 같은 하락기도 있는 법이지만, 장기적인 관점에서 부동산은 물가상승률을 따라가기 때문에 우상향 그래프를 그린다. 따라서 집이 없는 사람은 집이 있는 사람이 누리는 자산 증가 속도를 따라잡을 수 없다. 월급을 모으는 행위만으로는 그 격차를 도무지 줄일 수 없다는 뜻이다.

나 역시 당시 돈 좀 벌어보자고 시작한 게 부동산 투자였다. 그러나 막상 임대사업을 시작하니 겁이 나기도 했다. '잘할 수 있을까, 무모한 도전은 아닐까, 잘못 되면 어떻게 하지?' 하는 마음이 잠시 그늘을 드리우기도 했다. 나뿐만 아니라 많은 사람들이 겁부터 먹기 일쑤라고 생각한다. 도대체 어디서부터 시작해야 할지 난감하다. 십분 이해한다.

'다주택자'라는 단어는 당사자에게는 행복한 단어이기도 하지만 한편으로는 두려운 단어이기도 하다. 이 두려움이 시작을 방해하는 제1의 장애물이다. 그 두려움의 원인을 나는 비용, 인간관계, 귀찮음의 3가지로 정의한다.

가장 먼저 비용 이슈다. 가끔 지인들과 부동산 상담을 하다 보면 가격이 너무 올라서 투자가 어렵다, 두렵다는 이야기를 듣는다. 전세가율이 한창 높았던 2015년 전후에 투자한 내가 부럽다는 말을 한다. 그러나 투자자는 시장을 인정해야 한다. 지금 전세가율이 예전보다 낮아서 투자자들이 투입해야 하는 돈이 상대적으로 많아진 것은 사실이다. 그러나 어쩌겠는가? 그만큼 돈을 모으는 수밖에 없다. 경제 사이클은 돌고 돈다. 언젠가 다시 수도권 전세가율이 평균 80%에 육박하는 시기가 반드시 올 것이다. 그때를 준비하는 마음으로 부동산 투자를 미리 연습해 둘 필요가 있다. 비용에 대한 걱정보다 경험을 쌓는 것에 더 가치를 두고 투자를 진행해 보자.

준비와 경험을 하지 못하면 다가올 사이클에서도 기회를 잡지 못할 것이다. 특히 무주택자라면 생각을 바꿔야 한다. 무주택자 중에는 부동산이 올라도 떨어져도 관심을 끊는 경우가 허다하다. 오르면 너무 비싸서 관심을 끊고, 떨어지면 부동산은 이제 끝났다며 관심을 끊는다. 이래서는 영원히 투자기회를 잡을 수 없다. 당신도 언젠가는 부동산 상승기에 수혜자가 되고 싶지 않은가?

두 번째는 인간관계다. 전세를 끼고 아파트를 사면 전에는 경험하지 못했던 다양한 인간관계를 경험하게 된다. 도대체가 사기를 치는 것만 같은 부동산 사장님들부터, 내가 집주인이지만 대면하기 껄끄러운 세입자들까지 당신을 괴롭힐 수도 있다. 사람 사이의 갈등을 지극히 싫어하는 분들은 이런 이유로 임대사업을 주저한다. 그러나 부동산 투자는 인간이 인간과 거래하는 과정에서 돈을 버는 것이다. 협상을 통해 얼마든지 모두가 이로운 방향으로 거래를 진행할 수 있다. 그러니 너무 두려움을 갖지 말자.

마지막으로는 귀찮음이다. 귀찮아서 관심이 없다 보니 부동산 투자에 대해 막연히 겁이 나기도 한다. 참고로 나는 부동산 투자를 처음 시작할 때 너무 신이 났다. 그동안 해보고 싶었던 일을 드디어 시작한다는 설레임에 기쁜 나머지 약 2개월을 끊임없이 현장을 돌아다니다 몸무게가 7kg이 빠졌다. 밥 먹는 것도 잊고 물건을 보러 다니고, 쉴 새 없이 입지 공부를 하는 것이 너무나 즐거웠다.

지금 내 핸드폰에는 약 200개의 부동산 중개인 번호가 저장되어 있다. 그만큼 많은 손품, 발품이 필요한 것이 부동산 투자다. 시간을 들이는 만큼 좋은 매물을 만날 가능성도 높아지며 투자금도 줄어든다.

혹여 당신이 귀차니즘이 심한 투자자라도 너무 걱정하지 말자. 매입 과정이 어렵기는 하지만 한번 잘 사놓은 부동산은 처음 세팅을 잘해 놓으면 추후에는 2년에 한 번씩만 들여다보면 된다.

월급쟁이가 이런 두려움을 떨치고 임대사업을 시작하면 이후에는 인생이 많이 바뀌게 된다. 한번 만들어 놓은 시스템이 끊임없이 돈을 벌어다 주기 때문이다. 이 전세 레버리지 투자의 핵심은 2년마다 전세금 상승분으로 끊임없는 현금 흐름을 만드는 것이다. 섣불리 아파트를 팔지 말자. 아파트를 팔아버리면 현금 흐름이 발생하지 않는다. 황금알을 낳는 거위의 배를 갈라버리는 행동과 같다. 반드시 실거주 외 부동산을 마련하고 2년마다 보너스가 나오는 멋진 경험을 반복하기를 기원한다.

2단계

안정적인 부동산 투자로
아파트를 깔아두라

월급쟁이라 하더라도 퇴근시간과 주말만 잘 이용해도
누구나 부동산에 투자할 수 있다
누구나 집 한 채를 갖게 되면 그 안정감을 바탕으로 미래의 꿈을 꿀 수 있게 된다
부동산의 레버리지 효과는 강력하며, 리스크는 상대적으로 작다
부동산을 먼저 사고 나면 이 안정감을 바탕으로
주식투자에서도 더 높은 수익을 거둘 수 있다
투자가 필수인 시대, 공격적인 투자는 큰 무기가 된다
부동산이 뒤에 버티고 있다면 변동성이 심한 자산이라 할지라도
'장기 투자'를 가능하게 하고, 이를 통해 복리효과를 누릴 수 있다
또한 내 집은 과거와는 다른 마음가짐을 갖게 한다
자산가로서의 당당함이 자연스레 내 몸에 스며드는 효과가 있다
인플레이션 방어에도 탁월한 역할을 수행한다

적극적인 주식투자로
고수익 노리기

자산을 늘려가는 주식투자 공식!
주식에 물려 마이너스가 떠있는 잔고를 보며 괴로워하기보다,
플러스를 유지해야 장투를 하는 데에 더 도움이 된다.
심리적으로 수익을 보고 있어야 편안하기 때문이다.
투자를 하면서 대부분의 문제는 자산을 비싸게 사서 발생하는 것이지,
싸게만 살 수 있다면 마음이 편하다.
마음 편한 투자가 제일이다.

24장
36세, 첫 깡통을 차다

2018년 12월 26일, 나는 국내주식에 투자한 지 8년 만에 모든 투자금을 잃고 시장에서 퇴출당했다. 당시에는 너무나 충격적인 경험이었다. 이제 막 주식을 시작한 주린이도 아니고, 온갖 지표와 차트를 공부하며 8년간 트레이딩을 했던 내가 망하다니! 청산을 당했던 그 날, 살면서 그렇게 격렬하게 겁이 났던 적은 처음이었다. 아침부터 속절없이 폭락하는 주가에 머릿속이 하얘지고 어떤 이성적인 판단도 할 수 없었다. 사람이 너무 큰 공포와 마주치면 당장 살아야겠다는 생각만 난다는 사실을 처음 알게 되었다. 회사 화장실에 앉아 호가창을 바라보면서 반대매매를 막으려 마지막 매도 버튼을 누르냐 마느냐 고민하던 손은 덜덜 떨고 있었다. 어쩌다 이런 일이 벌어진 걸까?

💲 신용매매는 패망의 지름길

나를 국내주식 시장에서 퇴출시킨 종목은 다름 아닌 'SK하이닉스'였다. 우리나라 사람이라면 누구나 들어본 적 있는 전 세계 메모리 반도체 2위를 차지하고 있는 우량주다.

2011년부터 시작한 국내주식 투자는 연이은 실패로 나에게 손절은 일상이었다. 그나마 장기간 보유했던 종목들도 모두 크고 작게 물린 종목들이 많았다. 2018년은 미중 무역전쟁으로 인해서 신흥국의 증시가 좋지 못했다. 당시는 종잣돈을 끝까지 쥐어짜내면서 투자를 하고 있었다. 그런데도 계속 손해만 보다 보니 한 번에 모두 만회하고 싶은 욕심이 들끓어 올랐다. 결국 신용매매까지 손을 대고 말았다.

신용을 최대로 끌어당기면 레버리지를 활용해 내가 보유한 주식잔고의 150%에 해당하는 돈을 빌릴 수 있다. 반대매매에 대한 무서움은 익히 알고 있었기 때문에 나름 안전한 주식을 사겠다고 우량주였던 SK하이닉스를 매수했던 것이다. 그러나 82,000원대에 샀던 SK하이닉스가 10월, 12월 두 번의 더블딥(Double-Dip)에서 58,000원까지 폭락하면서 주식자산의 담보비율에 문제가 생기기 시작했다.

담보 부족으로 돈을 더 넣지 않으면 반대매매가 일어난다고 증권사에서 매일 문자가 날아왔다. 더는 담보로 넣을 돈이 없던 나는

12월부터 조금씩 손절을 확정 지으면서 자산을 갉아먹고 있었다. 시장에서 살아남고 싶었을 뿐인데 돈의 논리는 너무나 잔인했다. 참담한 심정으로 퇴근하던 길에 바라본 붉은 단풍 나뭇잎이 마치 내가 흘린 피처럼 느껴졌다.

10월에만 코스피가 13% 넘게 떨어지면서 시장을 초토화시켰고, 11월에는 조금 반등을 주는가 싶더니 12월에는 더욱 거친 하락이 진행되었다. 이제는 정말 버틸 재간이 없었다. 그렇게 12월 26일 모든 주식을 시장가에 던지면서 2억 원이라는 돈이 사라졌다. 잔금 0원. 말 그대로 깡통을 찬 것이다. 그 당시 이직을 하고 나서 잠시 주말부부로 지낼 때였는데, 퇴근 후 아무도 없는 집에서 깡소주를 마시면서 실컷 울었다. 돈을 잃은 슬픔도 컸지만 그보다는 나를 믿어준 가족들에 대한 미안함이 더욱 크게 다가왔다.

왜 이런 일이 벌어진 것인지 곰곰이 생각해 보았다. 아마도 8년 간 국내주식 시장에서 어떻게든 살아남았던 경험이 역설적이게도 나를 쫄딱 망하게 한 원인이 아니었을까.

'이번에도 살아남겠지.'

'어차피 놔두면 올라가니까.'

'아, 내가 투자만 몇 년을 했는데.'

국내 주식시장을 잘 알고 있다는 착각, 예전에도 그랬으니 이번에도 같을 것이라는 막연한 기대가 큰 화를 불러왔다. 8년을 하루도 빼놓지 않고 주식시장에 참여했는데 그 돈이 사라지는 것은 단한 번의 매도버튼이라니, 정말 무서운 시장이었다.

　나는 그동안 실패하는 개미의 전형을 그대로 답습하고 있었다. 내가 가진 주식보다 빨리 올라가는 주식이 보이면 나만 돈을 못 버는 것이 아쉬워서 급등주 추격 매매를 했다. 또 남들이 "너만 알고 있어"라고 비밀스럽게 말하면서 넌지시 던져주는 종목에 마음이 쏠렸다. 어떤 기업인지 무엇을 해서 돈을 버는 회사인지도 모르고 앞으로 나올 호재성 공시만 무턱대고 기다리면서 투자를 했던 것이다.

　유명한 투자자 앙드레 코스톨라니는 "정보란 털어버릴 주식을 가지고 있거나 또는 수수료를 챙기기 원하는 브로커들의 일이다"라고 말하지 않았던가. 지금 생각하면 시가총액이 1,000억 언저리인 만년 적자회사가 갑자기 신사업을 하면서 수익이 올라가고 대기업에서 인수합병을 할 것이라는 0.01%의 가능성에 돈을 투자했으니 어처구니없는 일이다. 어떻게 그렇게 바보같은 투자를 했을까. 무슨 일을 하든지 한두 번 같은 방식으로 실패를 하면 빨리 잘못을 인정하고 다른 방법을 찾아야 한다. 그러나 나는 그동안 해왔던 방식을 바꾸는 것에 대하여 자존심이 용납하지 않았다. 이러한 현상을 두고 신한금융투자 곽상준 지점장은 저서 《투자의 태도》에서 다음과 같이 이야기했다.

　"자신감 넘치는 성공한 똑똑한 남성들에게서 볼 수 있는 공통점 중 하나는 자기 확신이 강하다. 자기 확신이 강하다는 것은 무엇인가가 틀렸을 때 그 틀린 것을 인정하기 어렵다는 것을 의미한다.

왜냐하면 살면서 자기가 틀리는 것보다 남이 틀리는 것을 더 많이 보면서 살아왔기 때문이다. 그런데 이런 태도가 일상적인 과업과 사업에서는 불굴의 의지를 의미할 수 있겠지만, 투자에서는 강력한 걸림돌이 된다."

지금 생각하면 제대로 수익도 못 내면서 무슨 자존심일까 싶지만, 당시에는 직장에서의 빠른 승진과 이직의 성공으로 자존감이 강했던 시기였다. 스스로 잘못된 투자를 하고 있다는 것을 알면서도 고칠 생각을 하지 않았다. 열심히만 버티면 언젠가는 반드시 시장에서도 이길 수 있을 것이라 착각했기 때문이다. 결론적으로 큰 손실과 함께 국내 주식투자를 접을 수밖에 없었다.

💲 2억을 잃고 깨닳은 주식투자의 핵심

2018년 말은 국내주식뿐만 아니라 미국과 중국주식도 큰 폭의 하락을 기록했던 때였다. 그나마 포트폴리오 분산 차원에서 해외주식에 조금 넣어두었던 주식들 역시 큰 손실을 보았다. 그러나 증시는 2018년 말 바닥을 찍고 2019년에 들어서면서 급반등을 시작했다. 2017년 해외주식을 처음 투자할 당시, 전혀 경험이 없었기 때문에 오히려 망하지 않을 것 같은 1등 주식을 여러 개 사두었다. 이 주식들이 급격하게 반등하는 모습을 보면서 내가 투자했었던 한국

주식들도 시세를 검색해 보았다. 그런데 국내 중소형주들은 주가를 전혀 회복하지 못하고 있었다. 그런데 신용으로 매수했던 SK하이닉스는 반등을 하고 있었다.

2억을 잃은 후 2019년 초의 반등을 지켜본 3개월이 지난 8년보다 큰 가르침을 주었다. 글로벌 1등 회사의 주식은 조정 이후에 반드시 회복한다는 만고의 진리를 깨우친 순간이었다.

경제상황이 좋을 때는 1등 기업, 2등 기업 구분 없이 모두 돈을 잘 번다. 그러나 경제상황이 안 좋아질 때 그 차이가 드러난다. 경제가 망가지면 부실한 기업들이 먼저 무너지기 시작한다. 경제위기를 넘지 못하는 기업들이 사라지고 나면, 그들의 시장점유율은 살아남은 기업들의 몫이 된다. 이것이 약육강식, 경제의 원리다. 단연 1등 기업이 가장 많은 혜택을 받는다. 그렇게 경제위기를 거칠수록 1등 기업은 시장에서 더욱 탄탄한 지위를 갖게 된다. 앙드레 코스톨라니는 적어도 3번은 파산을 당해봐야 투자자로 불릴 자격이 있다고 말했다. 이토록 강렬한 깨우침은 파산을 당해야만 깨우치는 것이라는 생각이 들었다. 그리고 왜 수많은 구루들이 우량주에 장기투자해야 한다고 똑같은 말만 되풀이 하는지 비로소 깨달았다.

그 이후 나의 주식투자 인생은 2막이 시작되었다. 작은 이익과 큰 손해만 반복하던 지난 8년의 과거와 이별하기로 마음먹었다. 그리고 전세계에서 가장 뛰어난 1등 주식으로 포트폴리오를 구성하여 안정적인 투자 성과를 거두기 시작했다.

25장

모르면 손해보는 종목 선정의 비밀

내가 주식에 투자하고 있다는 사실을 아는 주변 사람들이 처음 주식에 투자하면서 나에게 가장 자주 하는 질문이 있다.

"어떤 주식을 사야 하는가?"

통상 주식을 이분법적으로 분리하여 성장주와 가치주로 나눈다면, 나는 성장주에 투자하는 것을 좋아한다. 미래에 대한 성장을 담보로 높은 가치를 인정받기 때문에 가치투자자들에게는 고평가되어 있다고 폄하를 받지만 말이다.

성장주에 투자하는 것은 장기투자자들에게 좋은 전략이 될 수 있다. 우리가 아는 세계에서 가장 성공적인 투자자들도 성장주 투자에 대하여 다음과 같이 말했다.

"경쟁 우위와 강력한 성장 잠재력을 가진 회사에 투자하는 것을 좋아하며 이런 종목을 장기적으로 보유하는 것을 선호한다."

– 워렌 버핏

"투자자들은 저평가된 기업을 찾기보다 성장 전망이 강한 기업에 집중해야 한다."

– 피터 린치

"성장주는 장기적으로 가치주를 능가하는 경향이 있다."

– 윌리엄 오닐

성장주는 혁신적인 제품과 서비스, 또는 비즈니스 모델을 통해 높은 성장률이 나오는 기업들을 말한다. 이러한 기업은 업계에서 경쟁 우위를 점할 수 있으며 향후 몇 년 동안 성장을 지속할 수 있다. 성장주는 단기적으로 더 변동성이 클 수 있지만 역사적으로 가치주보다 더 높은 수익률을 창출했다. 어느 정도의 위험을 감수할 수 있다면 가치주보다 성장주 투자를 선호하는 것이 더욱 빨리 부를 창출하는 길이다.

💲 성공하는 투자, 가트너의 모델에서 배우다

성장주 투자에 대한 나의 아이디어를 뒷받침하는 모델이 하나 있는데, 가트너 사에서 만든 '하이프 사이클(Hype Cycle)'이다. 다음 쪽 그림은 미국의 가트너 사에서 개발한 Hype Cycle 모델이다. 본 모델을 간단히 설명하면 기술의 성숙도를 나타내는 도구로 활용이 가능하다.

Hype Cycle의 가로축은 시간이다. 시간이 지남에 따라서 기술은 혁신이 진행되며 특정 시점에서 각각의 기술들의 상대적인 위치를 표시해 준다. 세로축은 기대를 뜻한다. Hype Cycle의 독특한 곡선은 해당 특정 기술의 탄생과 성숙에 따라서 기대치가 확장되고 축소되는지 알려준다.

Hype Cycle의 5단계에 대해서 간단히 설명해 보겠다. 특정 기술이 발명되었을 때를 1단계 Technology Trigger(기술 촉발) 단계라고 한다. 어떤 기업가가 새로운 기술을 만들 때는 아직 현실적으로 경험해 보지 못한 기술이기 때문에 긍정적인 관점으로 미래의 모든 잠재력을 가정하게 된다. 이는 어느 정도의 흥분이 가미된 감정이며, 이를 바탕으로 근거가 없는 과대광고가 과장된 기대를 만들기 시작한다.

그것을 2단계, Peak of Inflated Expectations(부풀어진 기대의 정점)라고 부른다. 이때의 대중들은 낙관주의로 인해서 정확하게 이

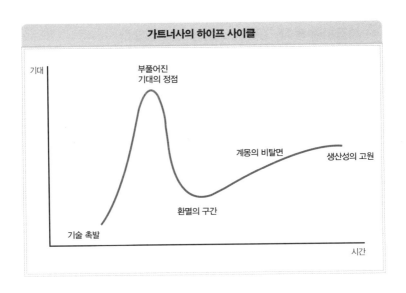

가트너사의 하이프 사이클

기대

부풀어진
기대의 정점

계몽의 비탈면

생산성의 고원

환멸의 구간

기술 촉발

시간

기술이 어떻게 구현될지에는 크게 관심이 없다. 기업가 역시 현실적이지 못한 장밋빛 상상을 하는 시기다.

그러나 3단계 Trough of Disillusionment(환멸의 구간)에 다다르면 부풀려진 기대가 점점 사라지기 시작한다. 기업가 및 미디어는 희망을 잃고 환멸의 구간에 들어간다. 기반 기술의 성장에도 불구하고 대중들은 기술에 대한 믿음을 잃을 수 있다.

그러다가 기술이 충분히 성장하면 4단계인 Slope of Enlightenment(계몽의 비탈면)에 들어선다. 마침내 그 기술은 대중들의 기대에 맞춰 급속한 발전을 선보인다. 이 기술로 우리의 삶이 어떻게 풍요로워질 수 있는지 대중들에게 알려지는 구간이다.

마지막 단계는 Plateau of Productivity(생산성의 고원)다. 충분히 생산성이 안정되고 풍부한 수익이 나기 시작하며 대중들은 이 기술을 당연시하게 된다.

개인적으로는 Hype Cycle의 4단계 'Slope of Enlightenment'와 5단계 'Plateau of Productivity' 사이에 온 섹터에 투자하는 것을 옳다고 생각한다. 그 이유는 다음의 예시로 설명하겠다.

2018년 대한민국 특허청은 4차 산업의 7대 기술(사물인터넷, 클라우드, 빅데이터, 인공지능, 자율주행차, 지능형로봇, 3D 프린터) 분야에서 전 세계 공용으로 사용할 수 있는 국제 표준화를 추진했다. 당시에는 3D프린팅 기술이 상당히 유망해 보였던 것 같다. 사실 3D프린터는 2009년 내가 대학교를 졸업할 당시에도 이미 있었던 기술로써 기계공학과 교수님 연구실에 가면 가끔 볼 수 있었다. 당시에도 3D프린터가 마치 모든 제조업의 미래처럼 느껴지기도 했다. 기존의 제조시설에 위기가 올 수도 있으리라고 예측했다. 각 가정에 3D프린터가 보급되고 나면 설계도 한 장으로 누구나 집에서 원하는 것을 뚝딱 만들어 낼 수 있으니까 말이다.

혹시 이 책을 읽는 독자분들 중에 가정에 3D프린터를 두고 사용하는 경우가 있는지 모르겠다만, 그런 과거의 예상은 보기 좋게 빗나갔다. 내가 주목하는 부분은 이런 위험성이다. 아무리 미래 성장 가능성이 커보이는 분야라도 실질적으로 충분히 사람들의 삶에 녹아들지 못하게 된다면 우리가 투자한 소중한 돈이 수익을 내지 못할 수도 있다. 과도한 기대가 실질적인 발전을 따라잡지 못하면 해당 기업의 고평가된 주가는 무너지기 쉽다.

체슬리투자자문의 박세익 대표는 저서《투자의 본질》에서 "성장주 투자자가 투자의사 결정을 판단해야 할 때 가장 중요하게 체크해야 할 부분이 매출 및 이익성장에 대한 가시성과 실현 가능성이다"라고 말했다. 기업의 미래 성장가치에 대한 타당성 분석에 얼마나 현실적으로 접근하느냐가 투자 성과를 결정한다고 말이다. 따라서 당신이 투자한 기업이 제공하는 제품과 서비스가, 충분히 시장에서 인정을 받아 계몽과 생산성의 안정 단계까지 온 섹터에 투자하는 것이 옳다. 당신의 소중한 돈을 함부로 녹여버리지 말자.

그러나 Plateau of Productivity 단계까지 온 섹터라면 성장이 더 이상 크게 일어나지 않을 가능성이 있다. 안정적인 시장을 바탕으로 현금을 창출하는 능력은 뛰어나나 미래 기대감으로 인한 급격한 주가 상승이 일어날 가능성이 떨어진다. 실질적으로 기업의 주가는 미래의 기대를 반영한다. 그래서 오히려 Peak of Inflated Expectations 단계에서 큰 상승을 보이기도 한다. 그렇다면 안정적으로 시장에서 돈을 잘 벌면서도 향후 미래기술에 대한 기대감까지 한꺼번에 가지는 섹터는 없을까 고민해야 한다.

나는 이것이 정보 기술(Information Tech) 분야라고 생각한다. 전 세계 60억 인구 누구나 핸드폰이나 노트북으로 모바일 인터넷을 사용하고 있다. 누구나 안드로이드와 iOS를 기반으로 움직이는 휴대폰을 사용하고 있으며, 젊은 사람들은 페이스북, 인스타그램 등에서 일상을 공유한다. 아마존은 클릭 한 번으로 전 세계의 수많은 상품들을 내 집 앞까지 배송해 주며, 영화관에 가지 않아도 집에서 넷플릭스로 원하는 영상을 언제라도 재생할 수 있다.

전 세계 사람들이 이런 기업들의 서비스를 이용하는 데 기꺼이 지갑을 연다. 수요를 바탕으로 생산성의 안정에 들어선 기업들이다. 또한 이들 기업이 벌어들이는 천문학적인 현금은 또 다시 새로운 시장을 개척하는 데 사용된다. 메타버스나 A.I.(artificial intelligence) 등의 서비스를 제공할 것으로 가장 큰 기대를 받는 기업 역시 미국의 빅테크를 비롯한 반도체 섹터. 기업이익의 '지속성'과 향후 성장이 가능한 '확장성'을 모두 갖추고 있다고 볼 수 있다.

우리는 이런 곳에 우리의 소중한 돈을 투자해야 한다. 안정적이면서도 미래 가치가 기대되는 곳이기 때문이다. 월급쟁이가 투자를 하면서 투자대상을 잘못 고르는 이유가 '뭔가 비밀스럽거나 특별하고 나만이 아는 큰 기회'가 있을 것이라 믿는 오류 때문이다. 가트너의 Hype Cycle에서 얻는 간단하면서도 직관적인 해답을 투자에 활용하는 것이 직장인 투자자에게는 더욱 유리하다.

26장
버핏이 알려주는 주식투자의 핵심

주식투자에서 가장 중요한 지표 하나를 꼽으라면 단연코 'ROE' (Return on Equity: 자기자본 이익률)를 들겠다. 주식투자를 처음하거나 오래하거나 상관없이 ROE를 1순위로 고려하여 기업에 투자해야 한다. ROE가 20% 이상에서 유지되는 기업에 투자하면 기업을 잘 못 선택할 확률이 크게 줄어든다.

ROE는 무엇일까? 한마디로 말하자면 기업이 자기가 가진 재원 으로 돈을 얼마나 잘 버느냐를 나타내는 수치다. '당기순이익을 자 기자본으로 나눈 값'이다. '당기순이익'은 기업이 한 해 동안 벌어 들인 순이익이고, '자기자본'은 자산에서 부채를 제외한 순자산을 뜻한다. 여기서 순자산에는 기업이 투자자에게 받은 투자금과 그 자본으로 벌어들인 이익이 포함된다. 받은 투자금과 벌어놓은 돈이라고 생각하면 쉽다.

즉 전년도에 벌어놓은 이익이 다음 해에는 자기자본으로 들어 가고, 그다음 해에도 ROE가 높게 유지되려면 자기자본이 늘어난 만큼 올해의 당기순이익도 작년보다 더 커져야 함을 의미한다.

연차	1	2	3	4	5	6	7	8	9	10
자기자본 (만원)	1,000	1,200	1,440	1,728	2,074	2,488	2,986	3,583	4,300	5,160
ROE (%)	20	20	20	20	20	20	20	20	20	20
당기순이익 (만원)	200	240	288	346	415	498	597	717	860	1,032

1000만 원을 가지고 창업을 했다고 가정해 보자. 이 사업은 나의 지식을 파는 사업이라서 따로 추가 투자에 비용이 들어가지 않는다. 그래서 버는 돈이 모두 다음 해의 자기자본으로 들어간다. 이 사업의 ROE를 20%로 유지하는 방법은 매년 순이익을 20% 더 늘리는 것밖에 없다. 매년 같은 제품의 가격을 20% 올리거나, 20%의 고객이 늘어난다는 뜻이다. 둘 중 어떤 상황이든 사업의 경쟁력이 떨어지지 않고 오랫동안 높게 유지되고 있음을 의미한다. 즉, 투자할 때 이런 기업을 고른다면 망할 가능성은 크게 떨어진다.

💲 ROE의 본질은 해자다

ROE를 가장 잘 활용한 투자자는 우리가 잘 아는 워런 버핏이다. 버핏은 꾸준히 높은 ROE를 유지해온 종목들에 투자하면서 현재의 위치에 이르렀다. 워런 버핏과 그의 동료 찰리 멍거는 주주서한에서 '경제적 해자'라는 개념을 처음 언급했는데, 해자(Moat)란 성에 적들이 쉽게 침입하지 못하도록 만들어 놓은 연못이다.

'경제적 해자'란 다른 기업들이 쉽게 침투할 수 없을 정도로 주도적인 시장점유율을 가지고 있는 상태를 말한다. 예를 들어 코카콜라는 콜라의 대명사다. 누구도 이견을 달 수 없다. 애플이나 질레트 등도 이미 미국 내에서 충분히 깊은 해자를 갖춘 기업들이다. '경제적 해자'는 곧 높은 ROE를 뜻하고, 해자를 수치로 표현할 수 있는 방법은 ROE밖에 없다.

버핏은 바로 이러한 기업에 장기로 투자했다. 그 결과 버핏의 자산도 복리로 우상향 그래프를 그려왔다. 개인투자자들도 워런 버핏처럼 사람들이 자주 찾는 제품과 서비스를 생산하는 1등 기업에 투자해야 한다. 이미 주식의 대가가 증명한 방법보다 더 좋은 투자법이 어디 있겠는가?

단 ROE를 볼 때에는 몇 가지 유의할 점이 있다. 분모에 자본총계가 들어가는 만큼 자산매각 등으로 일시적으로 분모가 작아져 ROE 수치가 높아지는 현상이 나타날 수 있다. 그래서 나는 투자

종목 선정에서 ROE가 5년 동안 20% 이하로 내려가지 않는 종목들을 선별한다. 적어도 5년은 유지되어야 그 기업이 충분히 경쟁력이 있다고 생각하기 때문이다.

또한 같이 봐야 할 수치는 부채비율이다. 자기자본이 아닌 부채로 쌓아올린 몸집으로 수익을 내도 일시적으로 ROE는 높아진다. 예를 들어 내 돈 1억을 가지고 2000만 원 수익을 내면 ROE가 20%다. 그러나 내가 1억을 빌려와서 총 2억으로 4000만 원을 만들면 ROE가 40%로 올라간다. 분모의 순자산이 2억이 아니라 1억이 되기 때문이다. 이런 눈속임에 속지 않으려면 반드시 기업의 부채비율도 함께 보아야 한다. 통상 부채비율이 100%가 넘지 않으면 우량 기업으로 본다.

해자를 갖춘 기업은 독과점을 뜻한다. 우리에게 친숙한 음식인 자장면을 예로 들면, 우리나라에는 자장소스의 베이스가 되는 춘장을 한 기업이 과점하고 있다. 자장면 맛이 다 비슷한 이유는 바로 이 때문이다. 영화식품에서 만든 춘장을 중국집 10곳 중에서 8곳 이상이 사용한다고 한다.

지난 수십 년간 우리나라 국민들의 입맛을 중독시켜버린 이 업체는 얼마나 깊은 해자를 갖고 있는 것일까? 독점기업이 무서운 이유는 이미 사람들이 충분히 그 제품에 길들여져 후발주자가 진입하려고 해도 웬만큼 점유율을 빼앗아오기 힘들다는 데 있다. 따라서 독점이야말로 가장 강력한 해자 중에 해자라고 할 수 있다.

독점기업이 가진 가장 무서운 무기는 바로 '가격 결정권'이다. 워런 버핏이 많은 지분을 가지고 있는 코카콜라 역시 이러한 무기를 잘 사용하는 기업 중 하나다. 버핏은 코카콜라에 대해 다음과 같이 얘기했다. "코카콜라는 1886년부터 쭉 있었고 18억 인분의 콜라가 매일 팔린다. 가격을 1센트만 올려도 매일 210억 원. 365일이면 7조 6,650억 원의 이윤이 늘어난다."

코카콜라가 가격을 1센트 올린다고 하여 과연 소비자들이 콜라 대신 다른 제품을 사먹을까? 대부분은 그냥 별다른 고민 없이 코카콜라를 계속 소비할 것이다. 가장 친숙한 맛이기 때문이다. 이렇게 경제적 해자를 갖춘 기업들은 향후에도 고객들의 선택을 받을 확률이 높아진다. 고객들이 꾸준히 찾을 수밖에 없는 상품을 만드는 1등 독과점기업에 투자하여 자산을 증식하는 방법은 탁월한 투자 전략이다.

월급쟁이 초보 주식투자자에게 종목 선택은 여전히 어려운 문제다. 따라서 당신이 1등 주식을 고르는 능력이 있더라도 가장 쉽게 주식투자를 하고 싶다면 ETF를 추천한다. ETF에 투자하면 투자에 실패할 확률이 현저히 줄어든다.

투자에 실패하는 이유가 무엇일까? 우량하지 않은 종목이나 섹터를 선정하여 기업 자체가 돈을 제대로 못 버는 이유 때문이기도 하지만, 좋은 종목을 골랐더라도 심리적으로 기업에 대한 믿음이 충분하지 못했기 때문인 경우가 더 많다.

이를 빗대어 하워드 막스는 "기업의 가치는 그렇게 자주 바뀌지 않는다. 투자자들의 심리와 감정이 자주 바뀌는 것"이라고 말했다. 투자자들이 아무리 훌륭한 기업을 보유했더라도 매수한 가격보다 떨어져 손실 구간에 진입하면 믿음이 흔들리는 경우가 많다. 주변 투자자들을 보면 좋은 종목을 들고 있다가도 너무 빨리 팔아서 문제인 경우가 너무나 많다.

💲 ETF 투자로 시장에서 승리하라

ETF에 투자하면 이런 실수를 크게 줄일 수 있다. ETF는 Exchange Traded Fund의 약자로 펀드를 거래소에 상장시켜서 주식처럼 거래할 수 있게 만든 상품이다. S&P500이나 나스닥100 같은 지수를 추종하는 패시브 ETF와 운용사가 직접적으로 테마를 만들어 만드는 액티브 ETF가 있다. 둘 다 여러 종목을 담아놓은 펀드의 성격을 가지기 때문에 자동적으로 분산투자 효과를 누릴 수 있다. 특히 패시브 ETF를 추천하는데, 이는 해당 지수나 섹터에서 1등 우량주들을 편입하기 때문에 투자자들이 종목 선택의 어려움에서 해방된다.

1974년 뱅가드 그룹을 설립하여 1996년까지 CEO로 재임한 존 보글은 저서 《모든 주식을 소유하라》에서 "역사적으로 입증되는 성공적인 투자 전략은 아주 적은 비용으로 나라 안의 상장주식을 골고루 보유하는 것"이라고 말했다. 그는 인덱스 펀드에 장기 투자할 것을 주장하면서, 이는 개별 주식이나 펀드 매니저 선택 등에 따르는 위험을 없애준다고 말했다. 오직 주식시장 자체의 위험만

남는 것이라고 말이다.

존 보글은 S&P500 지수를 추종하는 ETF를 만들어 수많은 사람들이 저렴한 비용으로 부자가 될 수 있게 도와주었다. 이러한 강점은 버크셔 헤서웨이를 이끄는 워런 버핏의 유언에서 확인할 수 있다. 그는 2013년 주주들에게 보내는 편지에 다음과 같이 적었다.

'내 유산 중 현금은 아내를 수익자로 해 수탁자에게 전달될 것입니다. 내가 수탁자에게 주는 조언은 더할 수 없이 단순합니다. 현금의 10%는 단기 국채에 넣고, 90%는 저비용 S&P500 인덱스 펀드에 넣으라고 했습니다.'

세계 최고의 투자자인 버핏이 유산을 미국의 대표지수인 S&P500에 투자하라고 하는 이유는 무엇일까? 과거 그는 2007년 뉴욕의 헤지펀드 운용사인 프로테제 파트너스와 10년 간 인덱스펀드와 헤지펀드 중 어느 펀드가 더 높은 수익률을 보일 것인지 내기를 했었다. 워런 버핏은 S&P500을, 프로테제 파트너스는 엄선된 5개의 액티브 펀드를 골랐고 2008년 1월 1일부터 시작된 내기는 10년 후 S&P500의 압도적인 승리로 끝나게 된다.

S&P500은 2016년 말까지 연평균 7.1%의 수익률을 기록하지만, 프로테제 파트너스의 헤지펀드는 2.2%에 그쳤다. 이 사례를 통해서 지수 투자가 대부분의 헤지펀드 수익률보다 훌륭하다는 사실이 세상에 증명되었다. 우리는 워런 버핏이 왜 그런 유언을 남겼는지 이해할 수 있다.

실질적 수치를 보아도 미국의 대표지수인 S&P500은 투자 기간을 장기로 가져갈수록 이기는 게임이 될 확률이 크게 증가한다. S&P500에 1년을 투자하면 수익을 볼 확률이 74%, 3년을 투자하면 83%다. 이 기간이 5년을 넘어가면 88%로 올라가며, 10년을 투자하면 무려 93%의 확률로 수익이 난다. 투자자들이 투자 기간을 길게 가져갈 수만 있다면 시간의 문제일 뿐 대부분 자산의 증식을 만끽할 수 있다. 그러나 패시브 ETF 역시 지수가 조정을 받으면 가격이 떨어진다. 그러나 우량종목을 고르게 가지고 있다는 심리적 안정감은 주가의 하락에도 버틸 힘을 주며, 오히려 저가에서 추가적으로 돈을 더 투자하는 기회로 활용할 수 있게 한다. 나는 이것을 패시브 ETF가 가진 '버팀의 힘'이라고 생각한다.

보통의 투자자들은 잘못된 종목 선택으로 손실이 발생하면 심

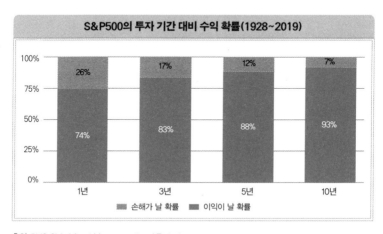

출처: BMO Global Asset Management and Factset.

리적으로 흔들린다. '내가 종목을 제대로 선택한 걸까? 혹시나 상장폐지되어 내 돈이 다 사라져 버리면 어떻게 하지?' 그러면서도 손실을 확정하기는 싫어서 비자발적으로 우량하지 못한 주식에 장기로 투자한다. 비자발적, 원치 않는 장기투자다. 그러나 개별 종목의 리스크가 크게 줄어드는 인덱스 ETF에 투자하면 이런 심리적 두려움에서 해방된다.

⑤ 남들보다 조금 더 빠르게 부를 늘리는 방법

인덱스 ETF 투자와 더불어 레버리지를 활용한 ETF 투자도 좋은 방법이 될 수 있다. 레버리지 ETF란 지수를 추종하는 패시브 ETF를 곱절로 추종하는 상품이다. 가령 S&P500 지수를 추종하는 SPY가 있다면, 이를 2배로 추종하는 SSO, 3배로 추종하는 UPRO가 있다. S&P500 지수가 1% 오르면 SSO는 2%, UPRO는 3% 오른다. 그 반대의 경우도 마찬가지다. 레버리지 상품들은 2 내지 3배로 내린다.

그런데도 내가 레버리지 상품을 활용하는 이유는 대한민국 부동산 가격 상승을 따라잡기 위해서다. 대한민국에서 부자가 되고 싶은 사람들은 일명 강남 3구에 자가를 마련하고 싶은 욕심이 많다. 최고의 입지를 자랑하는 이곳의 부동산 가격을 따라잡으려면 레버리지 상품을 사용하지 않고서는 현실적으로 쉽지 않아 보인다.

부동산은 보통 매수할 때 대출을 받거나 전세를 낀다. 온전히 내 돈으로만 부동산을 사는 경우는 찾아보기 어렵다. 시장이 안 좋을 때는 전세가가 매매가의 80%까지 오르게 되는데, 이때 전세를 끼고 집을 산다면 20%에 해당하는 돈만 있으면 된다. 5억짜리 집을 1억만 가지고, 4억 전세를 끼고 사면 4배의 레버리지를 활용하는 셈이다. 집값이 한번 시동을 걸면 호가 몇 천만 원씩 올라가는 것은 우스울 정도다. 5억짜리 집이 거래 몇 번이면 6억으로 오른다. 이 경우 1억으로 1억을 벌었으니 수익률은 100%가 된다.

나는 전세 레버리지 투자와 주식투자를 같이 하고 있기 때문에 어느 자산이 투자금 대비 상승 폭이 더 강한지 객관적으로 봐왔다. 실질적으로 주식에 1억을 투자하더라도 내가 2016년도에 2, 3천만 원으로 투자했던 수도권 소형 아파트들의 수익을 따라가기 어려웠다. 그것도 레버리지 ETF에 투자하고 있어도 말이다.

부동산은 기본 덩어리가 수억대이기 때문에 1년에 10% 남짓 오르는 S&P500 ETF에 웬만큼 많은 돈을 투자하지 않고서는 부동산이 오르는 절대 가격을 따라가기 어렵다. 그렇기 때문에 우량주를 모아둔 ETF에 레버리지 효과까지 고려한 상품을 적극적으로 활용해야 할 필요가 있다.

통상 레버리지라고 하면 사람들은 위험하다는 생각부터 떠올린다. 가장 많이 하는 이야기로 "레버리지는 지수가 위, 아래로 오르내리는 횡보장에서는 주가가 녹아내린다"가 있다. 예를 들

어서 S&P500 지수가 3% 오르고, 다음날 3%가 내리면 1.03×
0.97=0.9991이 되어 0.0009의 손해가 발생하게 된다. 하지만 3
배 레버리지 같은 경우는 9% 오르고, 9% 내린 것이 되기 때문에
0.0081로 1배수 ETF보다 많이 하락한다는 논리다. 이런 변동성
때문에 장기투자에도 적합하지 않다는 의견들이 대다수이다. 하지
만 이 논리에 대해 정면으로 반박하는 자료도 있다. 2010년 퀀트
애널리스트인 Tony Cooper가 쓴 'Alpha Generation and Risk
Smoothing using Managed Volatility'라는 논문을 인용한다.

주가의 변동률을 x라고 가정했을 때, 횡보할 때 주가의 변동을
수식으로 나타내 보면 오를 때는 1+x, 내릴 때는 1−x가 된다. 즉 x
만큼 오르는 1+x와 x만큼 내리는 1−x가 반복된다고 하면 수익률
은 아래와 같이 수식으로 표현이 가능하다.

$$(1-x)(1+x) = 1-x^2$$

즉, 횡보장에서의 수익률은 1에서 x의 제곱을 빼는 것이기 때문에
x가 어떤 수가 들어가든 상관없이 1보다 작아질 수밖에 없다. 어떤
숫자가 들어가도 제곱을 하면 무조건 양수가 되기 때문이다. 즉,
그들의 논리로 주가가 위아래로 횡보를 하게 되면 속도의 차이일
뿐 굳이 레버리지가 아니더라도 주가는 내려갈 수밖에 없다. 하지
만 실제로 주식시장은 시계열을 장기로 본다면 끊임없이 계속 오

다우존스 장기차트

출처: 인베스팅닷컴

르는 것이 사실이다.

실질적으로 2009년까지 미국의 패시브 ETF 투자 결과를 보면 1배수보다는 레버리지 상품의 수익률이 높다는 사실을 확인할 수 있다. 1950년부터 2009년까지 S&P500에 투자하는 경우 약 7%의 연 수익률을 얻었으나, 2배 레버리지의 경우는 12%, 3배 레버리지의 경우는 14%의 수익률이 나왔다. 나스닥과 다우지수, 러셀2000 역시 1배수보다는 2배수의 수익률이 더 좋았다.

레버리지 ETF의 경우 운영 수수료가 조금 더 비싸지만 S&P500의 경우는 수수료를 포함하더라도 2, 3배 레버리지 상품이 1배수의 운용수수료 적용 전보다도 훨씬 우수한 성적을 거뒀음을 알 수 있다. 즉 장기투자에서도 레버리지 상품에 대한 투자는 유효하다

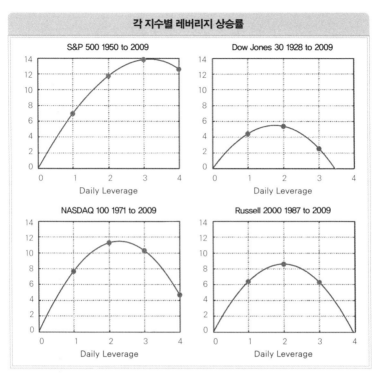

출처: Alpha Generation and Risk Smoothing using Managed Volatility(2010,Tony Cooper)

는 사실을 알 수 있다.

그러나 이렇게 장기적으로도 수익을 볼 수 있다는 수치는 있지만, 진짜 실전에서 이런 변동성을 견딜 수 있는지는 또 다른 현실적인 문제다. 정작 주가가 조정을 받는 하락장이 이어지면 레버리지 투자자들은 원금의 반토막은 물론이고, 4분의 1토막까지 나는 일이 비일비재하다. 조금 더 빠른 부의 증식을 위해서 단기적으로는 사용 가능하지만 그 사용법은 매우 현명해야 함을 반드시 기억하자.

28장
자산을 늘려가는 주식투자 공식

종목 선별까지 완료가 되었다면 이제는 주식 매수를 고민할 차례다. 그간 블로그를 운영하면서도 나는 매수에 대한 이야기는 자주 했지만 매도에 대한 이야기는 거의 한 적이 없다. 매도 타이밍을 제대로 잡을 능력도 없을뿐더러, 독자들 각자의 돈 쓰임에 대해서는 알 길이 없으므로 이 책에서도 매도에 대한 개인적 견해를 밝히지 않을 것이다. 돈이란 내가 필요할 때 쓰기 위해 버는 것이고, 투자 역시 그러한 목적의 연장선에 있다.

투자자들이 기업의 주식을 살 때에는 호가창을 보고 매수 금액을 정해서 매수 주문을 실행한다. 단순히 숫자의 나열로 보이는 주식의 가격은 어떻게 정해지는 것일까? 통상적으로 기업의 주가는 주당순이익(EPS)과 주가수익비율(PER)의 곱으로 표현한다. 그러나 나는 이 단순한 공식을 조금 다른 시각으로 해석한다. 주식투자를 할 때 직접적으로 어떻게 행동해야 자산이 늘어날 수 있는지 고민해 보았다. EPS와 PER에 대한 단순한 의미 외에 투자자로서 어떻게 대응해야 하는지 말이다.

$$\text{Stock price} = \text{EPS} \times \text{PER}$$

주식가격 = 주당 순이익 × 주가 수익비율

우선 EPS는 주당순이익이다. 주당순이익은 당기에 발생한 순이익을 주식 수로 나눈 값이다. 순이익(실적)은 높을수록, 주식 수는 적을수록 좋다. 그렇기에 ROE 수치를 확인하여 꾸준히 고객들의 선택을 받아 돈을 잘 버는 회사의 주식을 골라야 하고, 주식 수가 꾸준히 줄어드는 종목을 골라야 한다. 여기서 자사주를 많이 매입하는 기업을 눈여겨볼 필요가 있는데, 자사주로 매입한 주식을 소각하여 주식 수를 감소시켜 EPS를 올려주는 효과가 있기 때문이다.

주식 수에 관한 결정권은 회사 경영진에 있고, 당기순이익은 말 그대로 실적이다. 그렇기에 나는 EPS는 기업이 결정하는 영역이라고 생각한다. 투자자들이 EPS에 직접적으로 영향을 미칠 수 있는 것은 없다. 단순히 EPS 수치가 잘 나오는 기업을 고르는 것이 전부다.

PER은 주가수익비율을 말한다. 기업 순이익의 몇 배에서 주가가 거래되는지를 나타내는 수치다. 나는 이것을 단순한 수치가 아니라 '대중의 심리'라고 생각한다. 예를 들면 한국의 주식시장은 장이 열리는 오전 9시부터 오후 3시 30분까지 6시간 30분 동안 주가가 실시간으로 계속 변한다. 그런데 의문점이 생긴다. 주가는 주당순이익과 주가수익비율의 곱으로 이루어져 있다고 했는데, 이렇게 빨리 그것도 매일 주가가 변할 수 있는가? 주당순이익이나 주가수익비율이 실시간으로 변하기 때문일까?

기업의 이익에 해당하는 EPS가 이렇게 실질적으로 계산이 되어 주가에 반영될 수 있을까? 그렇지 않다. 즉 EPS는 기업이 분기마다 발표한 수치 그대로지만, 투자자들의 매수/매도 선택에 따라서 PER이 실시간으로 움직이는 것으로 볼 수 있다. 당연한 이야기처럼 들리겠지만, 투자자들이 미래가치를 고려하여 어떤 기업의 주식을 매수하면 주식가격은 (PER과 비례하여) 올라간다. 투자자들이 기업의 가치를 긍정적으로 평가하여 주식을 사면 PER이 오르고, 반대로 기업의 가치를 부정적으로 봐서 팔면 PER이 내려간다.

즉, 기업의 이익 수준은 그대로인데 주가가 오르고 내리는 이유는 순전히 투자자들의 매수심리 때문이다. 시중에 돈이 많이 풀린다거나, 앞으로 기업의 전망이 좋아지거나, 모두 사람의 심리에 영향을 미친다. 그래서 나는 PER을 대중의 심리가 결정한다고 생각한다.

정리하면 기업의 주가는 '기업의 영역'인 EPS와 '대중의 영역'

인 PER의 곱으로 만들어진다는 결론에 이르게 된다. 내가 내 돈을 투자했는데 기업과 대중이 결정해 주는 주가에 내가 영향을 미칠 수 있는 부분이 하나도 없다니, 희한하지 않은가? 그렇다면 우리가 자산을 늘리는 데에 의의를 둔다면 어떨까? 도대체 어떤 것을 우리 마음대로 선택할 수 있는 것일까. 나는 이 질문에 대하여 '주식의 개수'라고 대답한다. 주식의 가격에다가 주식의 개수를 곱하면 그것이 우리가 보유한 주식자산의 총액이 된다.

주식자산 = 주당 순이익 × 주가 수익비율 × 내가 보유한 주식의 수

그렇기 때문에 나는 주식을 사고파는 대상으로 보지 않고, 지속적으로 사서 내 곳간에 쌓아가는 것이라고 말한다. 아무리 기업이 돈을 잘 벌고 대중들의 심리가 살아나더라도 내가 가진 주식이 없으면 내 자산은 0이기 때문이다. 즉, 좋은 기업을 고르는 노력은 기본이고, 사람들이 좋아하는 기업의 주식을 계속 사서 자산의 볼륨을 늘리는 것에 집중해야 한다. 이것을 '매수 후 보유'(Buy and Hold) 전략이라고 부른다.

일반적으로 이것은 건전한 투자 전략이 될 수 있다. 이 방법의 장점은 장기적인 관점을 권장한다는 점이다. 이는 투자자가 단기 시장 움직임에 따라 성급한 결정을 내리는 유혹을 피할 수 있도록 도와준다. 그리고 거래 횟수를 줄여주기 때문에 주식을 사고파는

미국 자산군별 장기 상승률

Asset Class	Annualized Return
Stocks	6.6%
Bonds	3.6%
Bills	2.7%
Gold	0.7%
US Dollar	-1.4%

Stocks $704,997
Bonds $1778
Bills $281
Gold $4.52
US Dollar $0.05

출처: 《주식에 장기투자하라》, 제레미 시걸

것과 관련된 비용을 줄일 수 있다. 무엇보다 가장 큰 장점은 더 높은 수익 가능성이다. 주식시장은 역사적으로 채권이나 현금과 같은 다른 투자 옵션에 비해서 더 높은 수익을 제공했다. 주식을 매수 후 가지고만 있어도 투자자들은 높은 수익률을 얻을 수 있다.

자산을 늘려가고 싶은 투자자라면 좋은 기업을 고른 이후, 주식을 최대한 많이 사서 오래 보유하는 것이 빠른 자산 증식의 길이다. 현재도 돈을 잘 벌고 있고, 미래가능성도 훌륭한 주식을 매수하는 데 최선을 다해 보자.

29장

완벽한 매수 타이밍은 언제일까?

주식자산을 언제 사면 가장 좋을까? 과거의 사례가 증명한 최적의 매수타이밍은 '언제나'이다. 꾸준하게 분할로 매수해 나갈 수 있다면 주식은 언제 사도 좋다. 다음의 예를 보자.

💲 완벽한 타이밍은 존재하지 않는다

1979년부터 2019년까지 40년 동안 S&P500에 투자한 3명의 친구 A, B, C가 있었다. 이들은 매달 200달러씩을 저축해서 S&P500에 투자했다. 이 40년의 기간 동안 4번의 큰 폭락장이 있었는데 1987년의 블랙먼데이, 1990년 걸프전쟁, 2000년 닷컴버블, 2008년 글로벌 금융위기였다.

3명 중 2명의 친구 A와 B는 마켓타이밍을 노렸고 C는 매달 200달러를 저축하듯 주식을 샀다. A는 3%의 이자를 주는 저축에 돈을 모아둔 후, 타이밍을 잘 노려보려고 했으나 하필이면 4번 모두 큰 하락이 나오기 하루 전에 투자하고 말았다. 하지만 상심하지 않고 보유한 주식을 팔지 않았고 그 결과 96,000달러의 투자금은 663,594달러로 늘어났다. B 역시 연 3%의 이자를 주는 저축에 넣어두고 있다가 한 번에 투자를 진행했으나 A와는 다르게 4번의 폭락장의 가장 최저점에서 매수했다. 너무나 운이 좋았던 B의 투자금은 96,000달러에서 956,838달러로 불어났다.

대단한 성과다. 하지만 정작 더 놀라운 결과는 C의 투자였다. C는 매달 200달러의 자금을 1979년부터 40년 동안 꾸준히 투자했다. 그리고 마켓타이밍을 맞추려 증시를 들여다보지 않았다. C의 원금 96,000달러는 무려 1,386,429달러로 불어났다.

이 결과에서 알 수 있듯이 아무리 마켓타이밍을 잘 맞추어도 혹은 맞추려고 노력해도, 마켓타이밍과 상관없이 꾸준히 분할하여 주식을 사는 사람을 이기기 어렵다. 즉, 주식을 사기 가장 좋은 타이밍은 '꾸준히 자주'이다.

이런 과거의 사례가 있음에도 실제 투자에서는 지난 4번의 사례와 비슷한 하락장이 오면 투자자들은 패닉에 빠지게 된다. 평소보다 주식을 더 싸게 많이 모아갈 수 있는 좋은 타이밍이지만,

문제는 이런 절호의 찬스에서는 아무도 주식을 사고 싶어 하지 않는다는 데에 있다. 군중심리에 휘말려 그저 도망가고 싶기 때문이다.

하락장에서는 주변사람들과 언론에서 이구동성으로 경제위기를 외친다. 때문에 공포감에 휩싸이지 않고 우직하게 주식을 모아가기란 너무나 힘든 일이다. 그러나 시장에 피가 낭자할 때 용기를 내어 주식을 사는 사람만이 더욱 값진 보상을 받을 수 있다. 과거의 수많은 사례들이 이를 입증한다.

정리하자면 주식시장이 발작을 일으키며 우리에게 겁을 줄 때에는 오히려 용기를 내야 할 타이밍이다. 여기 두려움을 이겨내기 위한 용기의 근거를 소개한다. 당신의 감정을 억누르기보다는 다음과 같이 차트를 통해 매수의 기회로 활용하기 바란다.

$ 돈을 더 벌어주는 주식 차트 설정법

주식에 투자하는 사람들 중 차트를 무시하는 경우가 생각보다 많다. 한 기업에 대한 기본적 분석도 물론 중요하다. 재무제표 등 여러 수치도 반드시 참고해야 한다. 하지만 여기서 그쳐서는 안 된다. 주식투자로 더 나은 성적표를 받고 싶다면 차트에 대한 기본 내용도 반드시 숙지해야 한다. 좋은 성적을 내려면 몇 개 과목만 잘하는 것이 아닌, 모든 과목을 골고루 잘해야 한다. 차트 분석에 관한 책 한 권 정도는 읽어보기를 추천한다.

주의할 점은 차트 분석이 주식투자 결정의 첫 번째 원칙이 되어서는 안 된다는 점이다. 우량한 패시브 ETF 혹은 우량주식을 골랐다는 가정 하에 활용할 수 있는 기술이라는 점을 강조한다.

나는 주식차트를 볼 때 시장에 공포가 언제 충만한지 보기 위해서 다음 3가지 보조지표를 사용한다.

RSI, DMI, MACD 오실레이터.

지표를 3개나 활용하는 이유는 한 가지만 사용하면 시장의 신호를 제대로 잡지 못하는 경우가 발생할 수 있기 때문이다. 아무리 보조지표의 정확성이 높더라도 사람이 만든 것이기 때문에 더욱 복합적으로 움직이는 주식세계에서는 정확성이 떨어질 수 있다. 따라서 3가지 지표를 서로 상호보완하여 사용한다면 정확성이 한층 높아진다. 간단하지만 강력함을 발휘할 수 있는 지표들로 유사시에 수익률을 극적으로 높여줄 수 있다. 각 지표의 개념은 다음과 같다.

RSI (Relative Strength Index)

현재 가격의 상승과 하락에 대한 상대적인 강도를 나타내는 지표로, 70 이상에서는 과매수, 30 이하에서는 과매도 상태를 나타낸다. 단순히 RSI가 30 이하일 때 과매도 상태로 가정하여 매수하는 전략도 가능하지만, 하락이 이어지는 구간에서는 RSI가 30 이하에서 오랫동안 머무르기도 하기 때문에 30 아래에서 30 위로 뚫고 올라오는 시점을 매수 타이밍으로 잡기도 한다.

DMI(Directional Movement Index)

현재 추세와 방향성을 계량화한 지표로, +DI와 -DI로 구성되어 있다. DMI는 현재의 추세가 상승추세인지 하락추세인지 판단하는 데 활용하며 통상 +DI가 -DI를 교차하며 올라가면 매수 타이밍, 반대로 -DI가 +DI를 교차하여 올라가면 매도 타이밍으로 잡는다. 그러나 통상 경험상 -DI가 +DI보다 높아진 상태에서 이 두 지표의 스프레드가 벌어졌을 때가 최저점인 경우가 많았다.

MACD(Moving Average Convergency & Divergency) 오실레이터

MACD 지표는 MACD 지표와 Signal 지표 두 가지 선의 교차로 인하여 매매 시점을 파악한다. MACD 오실레이터는 MACD 지표와 Signal 지표의 차이를 봉길이로 나타낸 보조지표이다. 보통 MACD 오실레이터가 0을 상향 돌파하면 매수, 반대로 하향 돌파하면 매도 신호로 볼 수 있다. RSI나 DMI 보다는 후행적으로 나타날 가능성이 높으며, 가장 마지막에 확인되는 지표인 경우가 많다.

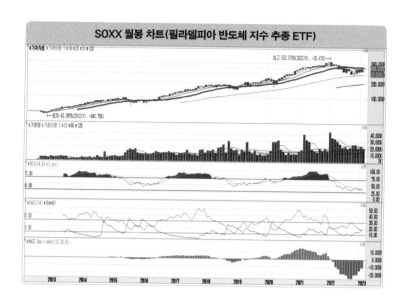

SOXX 월봉 차트(필라델피아 반도체 지수 추종 ETF)

위 그래프는 필라델피아 반도체 지수를 추종하는 SOXX.etf의 월봉 차트다. 나는 일봉보다는 주로 주봉이나 월봉을 보면서 투자한다. 장기 차트를 보는 것이 큰 투자기회를 확인하는 데 유리하기 때문이다. 21년 말부터 이어진 미국 증시의 하락이 얼마나 큰 투자기회가 되는지를 보여주기 위하여 2013년부터 2023년까지의 약 8년간 월봉차트를 참고해 보자.

우선 이 기간 월봉에서 RSI 지표가 저점을 찍었던 시기는 2016년 1분기, 2018년 4분기, 2020년 1분기, 2022년 4분기이다. 모두 미국의 연준이 만든 금리인상 및 팬데믹 등으로 인한 경제위기라 불리던 구간이다. 이 구간 모두 주가 역시 상대적으로 저렴한 위치까지 내려왔으며 DMI 지표 역시 DownDI가 UpDI보다 위로 올라간 상태에서 그 스프레드가 벌어져 있다. 23년을 제외한 지난 3번의 경우에서는 이렇게 RSI와 DMI가 모두 저점을 가리킨 이후 MACD 오실레이터가 상방으로 방향을 돌리는 구간에서 매수하면 수익을 볼 확률이 높았다.

이러한 보조지표는 국내 투자자들이 많이 투자하는 레버리지 ETF에 적용해도 비슷한 결론을 얻을 수 있다. 다음 쪽의 그래프는 나스닥 상위 100종목 지수를 3배로 추종하는 TQQQ.etf의 월봉 차트다.

2013년 이후 월봉에서 RSI가 50 이하로 떨어지는 경우는 2년에 한 번 정도 발생한다. 2016년 1분기, 2018년 4분기, 2020년 1분기였으며 모두 주식을 투자할 적기였다. 이때 DMI 지표도 약세장을 가리키고 있었으며, 역시 MACD 오실레이터도 0 이하로 내려간 모습을 볼 수 있다. 22년 4분기에는 아예 RSI 지표가 30 이하로 하락하는 시장이 나왔다. 역시 큰 투자기회가 될 수 있다는 것을 의미한다.

이렇게 차트에서 보조지표로 저점 신호가 나올 때는 시장에 공포가 만연한 시기라는 사실을 알아두면 좋다.

한 번 더 강조하지만 보조지표는 말 그대로 보조적인 지표이며, 매수 및 매도 판단에 절대적인 기준이 될 수 없다. 기업의 가치가 시장에서 인정받지 못하는 기업의 주식 매매에 이러한 기술을 쓴다고 돈을 벌 수 있을까? 먼저 우량한 투자대상을 고른 이후에 사

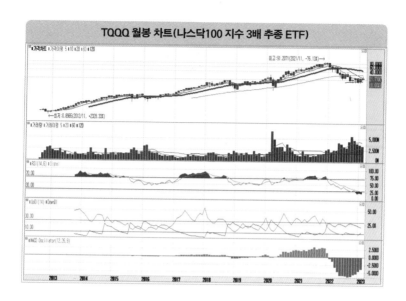

TQQQ 월봉 차트(나스닥100 지수 3배 추종 ETF)

용할 수 있는 방법임을 잊지 말자.

처음에 언급한 세 친구의 사례에서 알 수 있듯이 꾸준한 분할매수가 그 어느 방법보다 우수한 결과를 보장한다. 보조지표는 당신이 공포를 느낄 만한 시장이 왔을 때 공포에 휩싸이지 않기 위한 도구이다. 좀 더 객관적으로 시장을 바라보고 더 큰 수익을 만드는 기회를 만드는 데 사용해 보자.

그리고 이 내용이 전혀 이해가 가지 않을 때는 차트 분석에 관한 책 한 권 정도는 읽음으로써 완전히 자기 것이 되도록 분석을 마쳐놓기 바란다. 공포장은 곧 다음 사이클을 위한 기회가 됨을 잊지 말라. 미리 준비하지 않으면 또 놓치고 만다.

30장
사기만 하면 물리는 투자를 피하는 방법

주식을 조금이라도 더 저렴하게 매집하고 싶다면 '4분할 매수법'을 추천한다. 주식 매수 타이밍을 정확히 알기란 어려운 일이지만, 단기적인 변동성을 이용해서 최대한 저렴한 가격에 주식을 사는 것은 가능하다. 주식 투자자들이 괴로운 이유는 주식을 비싸게 샀기 때문이라고 생각한다. 기본적으로 싸게 사야 마음 편한 투자가 가능해진다. 최대한 저렴한 가격에 주식을 매수하고 나면 잔고를 수익권으로 유지하면서 행복한 항해를 즐길 수 있다.

"물렸다"는 말은 무엇인가? 기본적으로 주식을 비싸게 샀다는 의미다. 첫 단추를 잘못 끼우다 보니 주식이 어렵고 고통스러운 것이다. 반면 4분할 매수법은 사기만 하면 마이너스로 고통받는 투자자들에게 좋은 해결책이 될 수 있다. 이 방법은 매달 일정한 금액을 적립식으로 투자하는 경우나 혹은 목돈을 모아 한 번에 투자하는 경우, 언제든 활용이 가능하다.

반면 투자금이 많지 않다면 최소 매수 수량 제한을 두고 있는 중국이나 홍콩 시장에서는 활용이 어려울 수 있다. 따라서 미국 시장이나 한국 시장에서 평단가를 낮추는 데에 활용하면 효과적이다.

4분할 매수를 하기 전에 매집 기간과 매수 가격의 범위를 직접 정해야 할 필요가 있다. 매집 기간은 자신이 원하는 대로 잡으면 된다. 월급을 최대한 분산하여 투자하고 싶다면 종잣돈을 약 20등분해서 매일 사도 좋다. 매수 단가 범위는 우상향하는 주식이 조정을 받을 때 대략 20일선이나 60일선 사이에서 사겠다거나, 박스권에서 횡보하는 주식을 박스권 내에서 모아가겠다는 전략 등을 말한다. 이 역시 투자자의 전략에 맞게 설정하면 된다. 좀 더 상세한 설명을 위해 예를 들어 SOXL.etf를 2021년 하반기 박스권에서 매집하겠다고 가정해 보겠다(차트 내 점선 박스 부분).

① 주가가 횡보하는 박스권 가격을 확인하고, 내가 매수하려는 범위의 상하한 가격을 체크한다(박스권 상단 50달러, 박스권 하단 35달러).

② 매집 범위 상/하단의 차이인 15달러를 3등분하여 5달러 단위로 나눈다.

③ 최상단 50달러에서 5달러씩 빼가며 45달러, 40달러, 35달러

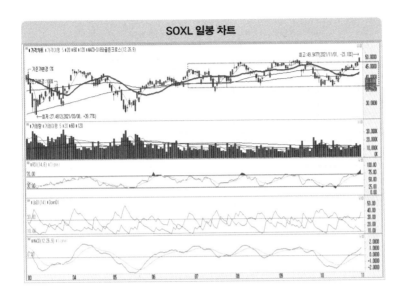

SOXL 일봉 차트

로 가격을 4분할한다. 1분위를 50달러, 2분위를 45달러, 3분
위를 40달러, 4분위를 35달러로 정의한다.

④ 최상단 50달러를 기준으로 내가 사려는 전체 수량을 계산해
본다. 마침 5,000달러가 있어서 100주를 살 수 있다고 가정
해 보겠다.

⑤ 1분위 50달러에 전체 매수가능 수량의 10%인 10주를 매수
걸어놓는다. 순서대로 2분위 45달러에 20%, 3분위에 30%, 4
분위에 40%를 매수 걸어놓는 것이 본 4분할 매수의 정의다.

⑥ 애초에 1분위인 최상단 50달러를 기준으로 100주 매수가 가
능한 것으로 계산했으므로, 마지막 4분위인 35달러에서는
남은 금액 전부를 모두 매수 걸어주면 된다. 예를 들어 위의

경우 50달러에 10주, 45달러에 20주, 40달러에 30주를 매수를 걸어놓게 되면 마지막 35달러에서는 40주가 아니라 47주 매수가 가능하게 된다.

⑦ 이렇게 매수를 걸어놓고 기다린다. 당일 매수가 안 되더라도 다음날에도 동일하게 세팅을 해놓고 박스권 내에서 주가가 횡보하기만을 기다린다.

⑧ 주가가 박스권에서 횡보하며 내가 설정해 놓은 구간에서 모두 체결이 되면 나의 단가는 39.7달러가 된다. 무려 3분위와 4분위 사이에 위치하게 되며 내가 설정한 범위 내에서 저렴한 가격에 매수를 완료하게 된다.

나는 충분히 매수할 여유 시간이 있는 경우 이렇게 분할매수하면서 단가를 최대한 낮추는 방법을 사용한다. 주식의 가격이 자신이 설정한 3, 4분위까지 떨어지지 않더라도 2분위 가격에서 20%나 샀으므로 그날의 매수는 성공인 셈이다. 여러 번 나눠서 분할매수를 했음에도 당신이 원하는 가격이 오지 않았다면 융통성을 발휘하여 매수 범위를 약간 상방으로 조절해 보자. 이렇게 최대한 매집 단가를 낮춰 매수하다 보면 계좌잔고에서 손실보다는 수익이 찍혀 있을 확률이 높다.

주식에 물려 마이너스가 떠있는 잔고를 보며 괴로워하기보다, 플러스를 유지해야 장투를 하는 데에 더 도움이 된다. 심리적으로 수익을 보고 있어야 편안하기 때문이다. 투자를 하면서 대부분의 문제는 자산을 비싸게 사서 발생하는 것이지, 싸게만 살 수 있다면 마음이 편하다. 마음 편한 투자가 제일이다.

31장

나는 하락장에서 돈 벌 준비를 한다

아무리 좋은 주식을 보유하고 있다고 해도 주식투자를 하다 보면 필연적으로 하락장을 만나게 된다. 하락장에서는 좋은 주식도 주가가 하락하는 경우가 많다. 대부분의 투자자들은 장밋빛 미래만을 상상하며 큰돈을 벌 수 있다는 기대감으로 투자를 시작한다. 그러나 하락장은 장밋빛 미래를 어둠에 휩싸이게 하고, 수익이 생각만큼 쉽지 않다는 깨달음을 준다.

통상 하락장은 짧게는 몇 개월, 길면 1년 넘게 지속되기도 한다. 시장이 하락 구간에 들어서면 언제 상승장이 있었냐는 듯이 주변에는 어두운 전망만 가득해진다. 투자자들은 자신이 투자한 종목에 대한 맹목적인 믿음이 깨지게 되며, 세계 경제가 이대로 주저앉는 것은 아닌지 심각하게 고민하기 시작한다. 그러나 하락장은 마치 계절의 모습처럼 반드시 오게 되며, 또 지나갈 수밖에 없다는 진리를 기억하자. 하락장이 있어야 상승장이 오고, 상승장이 끝나면 하락장이 찾아온다. 반복되고 반복되며, 또 반복된다. 하락장이 오면 주식시장이 영원히 끝나버릴 것 같지만, 전혀 그렇지 않다. 오히려 이 암울한 시기가 기회임을 잊어서는 안 된다.

⑤ 성공하는 투자자의 하락장을 대하는 방법

2011년부터 주식투자를 해오면서 크고 작은 조정장을 경험했다. 그렉시트와 브렉시트, 미중무역전쟁과 코로나 사태까지, 당시에는 시장에 공포가 가득했으나 그 어떤 조정장도 다 지나갈 뿐이었다. 특히나 미국 주식시장에서 시계열을 길게 늘려보면 조정은 잠시일 뿐 되돌아보면 주식을 저렴하게 살 수 있었던 좋은 기회였다. 그래서 과거를 돌아본다면 나는 '아쉬움'이라는 감정이 가장 크다. 조정 당시의 공포는 이 세상을 다 집어삼킬 만큼 두려웠기에 더 많은 주식을 저렴하게 살 기회였는데도 행동에 옮기지 못했다. 그때만 해도 공포를 이길 대담함이 부족했던 듯하다.

시장이 무너질 것 같은 공포에 휩싸일 때에는 존 템플턴의 유명한 투자 격언을 기억하자. "THE 4 MOST DANGEROUS WORDS IN INVESTING IS 'THIS TIME IS DIFFERENT'." 투자

에 있어서 가장 위험한 말은 "이번에는 다르다"라는 말이다. 조정의 이유는 언제나 새로워 보인다. 그러나 결국은 다 회복된다. 그러니 과도한 공포에 사로잡힐 필요가 없다.

하락장을 여러 번 거치면서 느낀 바는 다음과 같다.

첫째, 하락은 고수, 하수를 구분하지 않고 찾아온다. 시장의 발작 앞에서는 스마트 머니(기관, 외국인)도 물리고, 20년차 투자자도 물리고, 초보 투자자도 물린다. 그냥 다 같이 피를 흘린다. 이것을 인정한다면 심리적으로 조금 더 편할 수 있다.

둘째, 저변동성 주식들이 성장주와 비슷한 수준으로 무너진다. 회복기에 성장주보다 회복 속도가 느릴 것으로 예상되는 바, 하락기에 방어주의 역할을 못할 바에야 무슨 의미가 있는지 생각하게 된다.

셋째, 엉덩이의 무게는 세월의 무게와 같다. 증시가 크게 무너지면 (평균적으로) 투자 경력이 짧은 투자자부터 불안감을 보이기 시작한다. 손절했다는 말이 여기저기서 들리기 시작한다. 결국 시장의 하락을 버티고 오롯이 온몸으로 배우는 사람과 그렇지 못한 사람으로 나뉜다. 그렇게 고수와 하수의 길이 나뉜다.

넷째, 하락장으로 장사하는 자칭 전문가들이 생각보다 많다. 사람들의 공포 심리를 조장하여 자신의 잇속을 차리는 장사치들이 주식시장에도 많으며, 그들을 조심해야 한다.

다섯째, 공포스러운 장세에서 단기간은 틀리더라도 긍정적인 관

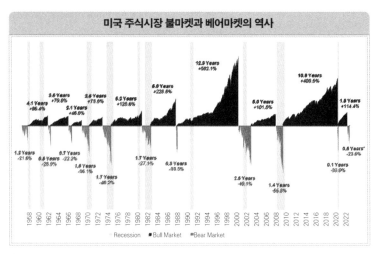

미국 주식시장 불마켓과 베어마켓의 역사

Recession ■Bull Market ■Bear Market

출처: RBC global asset management

점을 가지고 위기를 헤쳐나가는 투자자가 결국은 시장을 이겨왔다.

정리하자면 시장에서 발작이 일어나는 것은 아주 자연스러운 일이고, 이런 하락장은 투자자 스스로 성장하는 기회로 삼을 수 있다.

💲 위기는 기회다. 더 큰 수익을 올리는 리밸런싱

그렇다면 이런 시장의 발작을 어떻게 활용할 수 있을까? 하락장을 여러 번 거쳐오면서 나는 '리밸런싱'의 기회로 활용하게 되었고, 이는 그간의 실수를 만회할 수 있는 좋은 찬스가 되어주었다. 그동안 종목을 잘못 골라서 남들 다 오른다고 좋아할 때 구경만 하고 있었다면, 이런 기회를 통해서 다시 내 포트폴리오를 황금으로 가득 채울 수 있다.

그러나 이러한 리밸런싱이 투자자들에게는 쉬운 일이 아니다. 리밸런싱은 어쨌든 '매수'라는 행위를 통해야 하기 때문이다. 사실 주식투자 자체가 사람의 본성에 반하는 행위다. 인류학적으로 인간이 진화해 오면서 위험을 만나면 일단 도망가고 싶은 심리가 세포 깊숙이 각인되어 있다는 것이다. 2021년 이슈가 되었던 인천 칼부림 사건에서 보면 알 수 있듯이, 신입 여경과 20년차 남경이 칼 앞에서는 본분을 잊고 도망가는 것이 현실이다. 내가 당장 죽을 수도 있다는 것, 내가 세상에서 사라져 버릴지도 모른다는 공포 앞에서 주식을 산다는 것은 어쩌면 뇌를 속이는 일이다.

리밸런싱이 어려운 또 다른 이유는 자신의 실수를 인정해야 한다는 점 때문이다. "꽃을 뽑고 잡초에 물을 주지 마라"는 유명한 주식 격언이 있지만, 내가 잡초를 애지중지 키우고 있었다면 이야기가 달라진다. 남들이 가진 종목이 오를 때 못 오르고, 남들 종목 떨어질 때는 같이 떨어지는 종목이라면 버려야 마땅하다. 그러나 그것이 내가 애지중지 아껴온 잡초라면 문제가 된다. 잡초가 아닐 거라 생각하며 쏟아부은 내 지난 시간과 노력이 아쉬워진다. 그간의 내 모든 행동이 무의미했다는 사실을 인정하기가 무섭다. 이 패배감과 굴욕감을 극복하는 사람에게만 좋은 '리밸런싱'의 기회가 열린다.

통상 시장의 상승과 하락에서 리밸런싱을 실패하는 과정은 다음과 같다. 수많은 투자자들이 이런 과오를 반복하면서 오늘도 고통받고 있다. 당신도 이런 상황을 겪고 있다고 판단된다면 과감하게 습관을 고쳐보기를 추천한다.

① 잡초를 여러 개 품은 상태로 시장이 오르내린다.

② 오를 땐 잡초도 같이 올라준다. 기분이 좋다. 몇몇 종목의 수익을 보며 흡족해한다.

③ 시장이 조정받기 시작하면 슬슬 공포를 느끼기 시작한다.

④ 본전이 되기 전에 조금 수익 난 잡초들은 판다. 애지중지했지만 익절은 언제나 옳다.

⑤ 손해난 종목들은 내가 투자한 노력이 아까우니 팔지 않고 꼭 쥐고 간다.

⑥ 잡초들의 손실이 점점 커진다. 그러나 손절은 없다. 나는 장기투자자라고 믿는다.

⑦ 수익난 것들(꽃)을 팔아 잡초에 물타기를 한다. 아니면 저점에서 새로운 종목들을 산다.

⑧ 반등이 나온다. 상승장에서는 잡초도 같이 올라준다. 새로 추가한 종목은 수익이 난다.

⑨ 3번부터 8번의 과정을 반복한다.

⑩ 내 계좌엔 잡초(손실중인 종목)들만 가득하다.

시장이 조정을 줄 때 리밸런싱 실천하기는 분명히 너무나 어려운 일이다. 그러나 향후 더 나은 수익을 위해서는 충분히 고려할 만한 옵션이다. 기회라고 판단이 되는 시기가 온다면 본능을 억누르고 과감하게 움직여 보자. 지난 투자 판단에 대한 반성에서 오는 씁쓸함이 있겠지만, 그럴 때는 수익과 손실금액에 상관없이 '오늘이 원금이다'고 생각하면 좋다. 그렇다면 지금 내가 가진 종목들에 대한 미련보다는, 현재 가장 좋은 선택을 하는 데 도움이 된다. 리밸런싱에 대한 고민은 '지금 이 원금으로 할 수 있는 가장 좋은 선택은 무엇일까'라는 질문으로 바뀌게 될 것이다. "오늘이 원금이다"라는 7음절의 한 문장은 당신이 언제나 최상의 포트폴리오를 구축하는 데 도움이 된다.

32장
2023년을 기회로 활용하는 법

아무리 좋은 종목을 선택하고, 주식을 저렴하게 사서 보유했더라도 거시적 경제사이클에 대한 공부는 반드시 필요하다. 투자할 기업을 고르는 데 있어서 가장 중요한 수치를 하나만 고르라면 ROE다. 또한 거시경제에서 가장 중요하게 생각하는 수치를 고르라면 단연 미국의 금리를 꼽겠다.

먼저 미국의 채권금리에 대해 간단히라도 알아야 한다. 미국의 국채는 미국정부가 돈을 빌리기 위해 발행하는 차용증을 말한다. 2년을 빌리기로 하고 발행한 채권을 미국 국채 2년물이라고 말하며, 동일한 방식으로 5년, 10년 돈을 빌리는 5년물, 10년물 등으로 나눌 수 있다. 미국의 채권금리는 미국이 국채를 발행해서 돈을 빌릴 때의 금리를 말한다. 통상 미국 국채금리는 경기가 안 좋아지면 내려가고, 좋아지면 올라간다. 이는 미국경제가 전세계에서 가장 안정적이라고 판단되기 때문이다.

경제가 안 좋아질 기미가 보이기 시작하면 전세계의 돈은 미국으로 빨려 들어간다. 경기가 어려울 때 미국이 아닌 위험한 곳에 자산을 투자했다가는 소중한 투자금을 빠른 속도로 잃을 수도 있기 때문이다. 다양한 투자자들의 거대 자금이 미국으로 향하면서 미국은 적은 금리로 돈을 빌릴 수 있게 된다. 적은 이자라도 받으면서 미국정부에 돈을 빌려주는 것이 경제위기 상황에서는 오히려 이득이다.

반대로 경제가 좋아지면 미국으로 흘러들어왔던 돈들이 다시 전세계로 뻗어나간다. 그렇기 때문에 미국정부가 돈을 빌리려면 금리를 더 높게 잡아야만 한다. 이렇게 금리를 보면 경제의 좋고 나쁨을 대략 유추할 수 있다.

1990년대부터 2년물 미국국채 금리와 연방준비위원회, 즉 FED의 금리를 비교해 보면 일정한 패턴이 있다. 위 그래프에 초록색 선은 미국국채 2년물 금리이며, 검은색 선은 FED(연방준비위원회)의 금리다.

그래프에 그려놓은 빨간색 화살표 3개에 집중할 필요가 있다. 이는 연준의 금리가 2년물 미국국채 금리보다 높아진 시점으로 지난 위기의 패턴을 알 수 있기 때문이다.

미국의 경제사이클은 4단계, '복구〉회복〉확장〉하락'을 반복적으

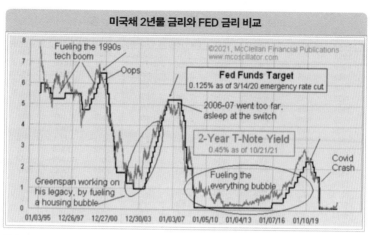

출처: McClellan Financial Publications

로 겪어왔으며 이는 금리와 큰 관련이 있다. 통상 미국국채 2년물 금리는 경기 침체 이후 바닥을 찍고 경제 회복과 함께 다시 오르게 된다. 이후 경기가 살아나는 것을 확인하면서 FED도 기준금리를 완만하게 올리는데, 이 과정에서 주가도 함께 상승한다. FED의 금리가 계속 오르다가 2년물 국채금리보다 높아지는 역전 현상이 벌어지면 얼마 후 미국 경제에 리세션(경기침체)이 발생했다. 2000년 버블닷컴, 2008년 글로벌 금융위기, 2020년 코로나 팬데믹 등 3번 모두 동일한 패턴이 반복되었다.

그러나 2020년 이후 회복 사이클에서의 문제는 돈이 너무 많이 풀렸다는 것이다. 미국의 광의 통화량은 2020년 25%, 2021년 12% 성장했는데, 이렇게 2년 연속 많은 돈이 풀린 것은 지난 60년

미국 M2(광의통화량) 공급(1959~2022.11월)

Year	M2 ($Bil)	% Change	Year	M2 ($Bil)	% Change	Year	M2 ($Bil)	% Change
1959	298		1981	1,756	10%	2003	6,067	5%
1960	312	5%	1982	1,906	9%	2004	6,418	6%
1961	336	7%	1983	2,124	11%	2005	6,682	4%
1962	363	8%	1984	2,306	9%	2006	7,072	6%
1963	393	8%	1985	2,492	8%	2007	7,472	6%
1964	425	8%	1986	2,728	9%	2008	8,192	10%
1965	459	8%	1987	2,826	4%	2009	8,496	4%
1966	480	5%	1988	2,988	6%	2010	8,802	4%
1967	525	9%	1989	3,153	5%	2011	9,660	10%
1968	567	8%	1990	3,272	4%	2012	10,460	8%
1969	588	4%	1991	3,372	3%	2013	11,029	5%
1970	627	7%	1992	3,425	2%	2014	11,682	6%
1971	710	13%	1993	3,475	1%	2015	12,344	6%
1972	802	13%	1994	3,486	0.3%	2016	13,210	7%
1973	856	7%	1995	3,630	4%	2017	13,852	5%
1974	902	5%	1996	3,819	5%	2018	14,359	4%
1975	1,016	13%	1997	4,033	6%	2019	15,319	7%
1976	1,152	13%	1998	4,375	8%	2020	19,125	25%
1977	1,270	10%	1999	4,638	6%	2021	21,490	12%
1978	1,366	8%	2000	4,925	6%	2022	21,370	-0.6%
1979	1,474	8%	2001	5,434	10%			
1980	1,600	9%	2002	5,772	6%			

@CharlieBilello

Data Source: FRED
(as of November 2022)

출처: Charlie Bilello Twitter

동안 유례없는 일이었다. 2020년 3월 코로나 팬데믹으로 인해 세계경제가 무너질 위기에 처하자 FED는 긴급으로 금리를 낮추고 양적완화를 시행했다. 덕분에 전 세계의 증시는 급격한 회복세를 보였으나, 너무 많은 유동성은 인플레이션 위험을 만들었다. 엎친 데 덮친 격으로 2022년에 터진 우크라이나-러시아 전쟁과 중국의 코로나 봉쇄 역시 인플레이션 급등에 불쏘시개 역할을 했다.

전 세계적으로 물가가 너무 가파르게 올라가자 연준의장인 제롬 파월은 "인플레이션은 일시적"이라는 의견을 접고 금리를 빠르게 올리기 시작했다. 그동안의 패턴은 금리가 인상되는 구간이 경기사이클의 후반부로 주가 역시 상승하는 구간이었으나, 금리가 완만하지 않고 너무 급격하게 올라가자 시장은 크게 꺾이는 모습을 보였다.

2023년 2월 현재 FED 기준금리 4.75%, 2년물 국채금리 4.8%이다. 이미 FED의 금리가 2년물 국채금리와 비슷하게 올라온 상황이기에 향후 금리 인상은 속도를 줄이고 종료될 것으로 보인다. 이번 하락장 패턴은 그간의 패턴과 너무나 달랐기 때문에 추후 금리의 움직임에 따른 증시의 움직임을 예측하는 것이 너무나 어려워졌다.

이런 하락장에서 우리가 주식 투자자로서 알아야 할 중요한 원칙 한 가지는, 주가는 실적에 앞서서 움직인다는 사실이다. 실질적으로 PER의 연간(YoY) 변화율의 바닥이 기업의 EPS 성장률 바닥보다 앞서서 나온다. PER 연간 변화율의 바닥이 지난 S&P500의 저점과 거의 일치하는 현상이 지난 2015년과 2020년에 일어났다. 그 후로 실질적인 기업의 주당순이익 성장률 감소가 따라왔으나 주가는 이미 상당부분 반등을 마친 이후였다.

2023년 하반기에 기업들의 실적이 크게 무너지면서 리세션이 올 것이라고 주장하는 전문가들이 많지만, 이번에도 주가의 바닥은 기업실적의 바닥보다 앞설 것으로 보인다. 역사적으로 한창 비관론이 득세할 때에는 시장을 떠나지 않고 오히려 저가 매수 기회로 삼는 것이 향후 투자에 더 좋은 결과를 가져왔다. 시장이 위험

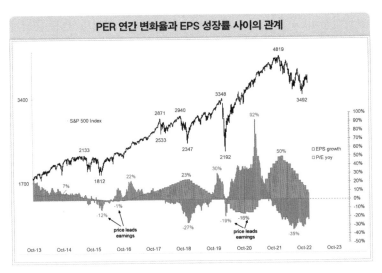

출처: 피델리티 증권

할 때는 용기를 내고, 시장이 좋을 때는 대중과 같이 광분하지 않
을 수 있어야 장기적으로 살아남을 수 있다.

하락장에서 살아남은 소수의 투자자들에게는 진정한 노다지 세
상이 열리게 된다. 이때가 투자자들이 진짜 부자가 될 수 있는 기
회다. 하락장 이후 저렴해질 대로 저렴해진 자산들을 최대한 매입
하고 기다려 보자. 그 후 경제가 다시 복구와 회복, 확장의 기간을
거치면서 우리의 자산은 폭발적으로 늘어나게 될 것이다. 이때는
자산이 벌어다 주는 돈의 양이 노동소득보다 월등히 많아지게 된
다. 이 기회를 반드시 잡기 위해 노력해야 할 것이다.

위험자산 주식투자로
초과수익을 달성하라

안전자산의 바탕 위에서, 이젠 주식투자로 고수익을 노릴 차례다

아무리 확신이 들어도 빚투는 절대 피해야 한다

경제상황이 좋을 때는 모든 기업이 돈을 벌지만,

상황이 악화되면 그 차이가 드러난다

장기투자엔 성장주가 좋다.

안정적이면서 미래 가치도 높은 기업이라면 소중한 돈을 맡겨도 된다

고객들이 꾸준히 찾을 수밖에 없는 상품을 만드는 1등

독과점기업 투자도 자산 증식에 탁월한 전략이다

'종목 선택'이라는 난제를 뛰어넘고 싶다면, ETF가 해결책이다

ETF에서 레버리지까지 활용한다면 부의 속도를 높일 수 있다

주식을 사는 완벽한 타이밍이란 없지만,

도움을 주는 각종 보조지표는 활용할 수 있어야 한다

하락장은 빠른 시간에 큰 돈을 벌 수 있는 기회다

다가오는 그 기회를 패닉에 빠져 놓치지 말기 바란다

SPECIAL STEP

월급쟁이가
부자가 되는 마음가짐

부자가 되려면 부자처럼 생각하고 행동하라!
돈은 자신을 좋아해 주는 사람에게 붙는다.
돈을 아끼고 잘 키우는 사람에게는 더 많은 돈이 몰리게 된다.
많은 사람들은 부자가 되는 결정 요인이 얼마나
투자를 잘하느냐에 달려있다고 생각한다.
그러나 부자가 되는 첫 번째 요인은
바로 돈을 얼마나 소중하게 대할 수 있느냐다.

33장

부자가 되고 싶다면 그들을 따라 하라

안타깝게도 누구나 부자가 될 수는 없는 세상이다. 부자가 되는 문 (門)은 언제나 소수에게만 입장이 허락되는 특권이다. 같은 조건에서 사회생활을 시작해도 어떤 이는 자산가로 성장하고, 어떤 이는 한 달 벌어 한 달 살기도 빠듯한 인생을 살아간다.

이런 차이가 생기는 원인은 무엇일까? 사람마다 행동양식이 다르기 때문이다. 사람은 저마다의 독특한 행동양식을 갖고 성장한다. 살아가면서 주변에서 보고 느끼며 배우는 가치들에 따라서 결정된다. 부자가 되고 싶다면 부자의 행동양식을 배워야 한다. 그들이 어디에 가치를 두고 살아가는지 알고, 그들처럼 행동한다면 당신도 부의 문에 한 발짝 다가설 수 있다. 부자들에게는 다음 3개의 공통적인 성향이 있다.

① 부자들은 자본주의에 대해 충분히 이해하고 있다.

② 부자들은 행동할 줄 알고, 그 행동에 책임을 질 줄 안다.

③ 부자들은 꾸준히 밀고 나갈 줄 안다.

⑤ 부자들은 자본주의에 대해서 이해하고 있다

부자들은 자본주의 게임에 대해서 정확히 이해하고 있다. 자산의 가격이 오르는 이유는 자본주의 특성상 돈이 끊임없이 풀리기 때문이며, 그렇기에 점점 흔해지는 돈을 가지고 있는 것보다는 그 돈으로 한정된 자산을 사는 것이 더 유리하다는 사실을 꿰뚫고 있다. 그래서 부자들은 자산을 사서 모으기를 실천한다.

더불어 부자들은 한정된 자산의 가치가 올라가는 속도도 서로 다르다는 점을 알고 있다. 이러한 현상은 자본주의의 기본 특성에 사람들의 욕망이 더해져서 만들어진다. 그래서 서울 강남의 무너져가는 아파트가 지방 소도시의 신축 아파트보다 비싸고 가격도 더 빠르게 올라간다.

부자들은 좋은 자산에 돈을 묻는다. 이렇게 돈 버는 나무를 심지 못하면 죽을 때까지 일을 해야만 돈을 벌 수 있다는 사실을 잘 알기 때문이다. 부자들의 이런 기본 마인드를 철저히 배우고 익혀 실천에 옮겨야 한다. 부자가 되고 싶다면 말이다.

또한 대부분의 부자들은 돈에 대한 긍정적인 관점을 갖고 있다. 돈은 그들을 자유롭게 살 수 있도록 만들어준다는 믿음이 있다. 돈이 있다고 반드시 행복한 것은 아니지만, 적어도 돈으로 대부분의 고민을 해결할 수 있다는 사실을 알고 있다.

그와는 반대로 가난한 사람들은 돈에 대해 부정적이다. 그들 대부분의 고민이 돈 때문이라는 사실을 잘 알면서도 말이다. 돈을 가지지 못한 사람들은 '부자들은 부당한 방법으로 돈을 모았다. 부자가 부자인 이유는 가난한 사람들을 착취했기 때문이다'와 같은 편견에 사로잡혀 있다. 그렇기에 돈은 사람을 망치는 수단이며, 가난하지만 성실한 것이 정의라고 믿는다.

돈은 자신을 좋아해 주는 사람에게 붙는다. 돈을 아끼고 잘 키우는 사람에게는 더 많은 돈이 몰리게 된다. 많은 사람들은 부자가 되는 결정 요인이 얼마나 투자를 잘하느냐에 달려있다고 생각한다. 그러나 부자가 되는 첫 번째 요인은 바로 돈을 얼마나 소중하게 대할 수 있느냐다.

부자로 가는 가장 첫 번째 원칙임에도 대부분의 사람들은 이 사실을 잊는다. 가난한 사람들은 당장 수중의 돈을 써버리면서도 어떻게든 미래에는 돈을 더 벌 수 있을 것이라는 착각에 빠진다. 희망마저 버릴 수는 없기에 '나중에 돈을 벌어 부자가 되면'이라는 가정법을 자주 사용한다.

설령 미래에 더 높은 수입을 거둘 수 있다고 해도, 돈을 아끼는 습관은 하루아침에 생겨나지 않는다. 부는 '얼마를 버는가'에 크게 좌우되지 않는다. 부자들의 부(富)는 돈을 사랑하고 아끼는 자세로부터 비롯되었다.

⑤ 부자들은 행동하고 책임진다

부자들은 행동하는 사람들이다. 이 실행력이야말로 부자들이 가지고 있는 가장 위대한 특성이다.

반대로 가난한 사람들은 아무것도 하지 않는다. 아파트 가격이 떨어질까봐, 주식 가격이 떨어질까봐, 투자하지 않는다. 현재의 안정에 취해 아무것도 하지 않으려고 한다. 개구리는 점점 데워지는 물에서도 가만히 안주하다가 죽음을 맞는다. 그러나 부자들은 움직이는 사람들이다. 남들이 편하게 놀 때 부동산에 가서 시세를 확인하며, 남들이 주말에 늦잠을 잘 때 누구보다 부지런히 일어나 경제상황을 공부한다. 그리고 자본주의에 맞게 행동한다. 그리고 대중들과 반대로 움직일 줄 아는 사람들이다.

무엇보다 자신의 결정에 대하여 책임을 질 줄 안다. 잘못된 판단으로 금전적인 손실을 보더라도 더욱 발전할 수 있는 자양분으로 삼는다. 그렇게 실패를 더욱 큰 성공을 위한 교두보로 이용한다.

그러나 부자가 아닌 사람들은 아무것도 하지 않을뿐더러 자신의 잘못된 행동의 결과에 대한 책임을 남에게 전가하곤 한다. 대통령을 잘못 뽑아서 내가 힘들게 살고, 기업이 잘못해서 나에게까지 혜택이 오지 않는다고 생각한다. 자신에게 아무 발전이 없는 생각이다. 잘못된 원인을 밖에서 찾으면 영원히 자기 자신에 대해서 신중하고 뼈저린 반성을 할 수 없게 된다. 반성 없이는 전진 또한 없다.

남을 탓하기 바쁜 사람들은 남을 칭찬하는 데도 인색할 수밖에 없다. 오히려 남을 깎아내리기 바쁘다. 자신이 해보지 않았기 때문에 그 과정이 얼마나 고된 과정인지 전혀 알지 못한다.

이와는 반대로 부자들은 다른 부자들을 칭찬하고 찬사를 보낼 줄 안다. 그 과정에서 얼마나 고된 노력을 해왔을지 자신이 해보았기 때문에 익히 알고 있다. 그리고 남들이 잘한 점을 내 것으로 배워오는 열린 마음을 가지고 있다. 부자가 더욱 부자가 되는 원동력은 이러한 행동력과 반성, 배움에 있다.

💲 부자들은 자신을 믿는 사람들이다

부자들은 자신이 옳다고 믿는 부의 길을 꾸준히 따라 걸어간다. 시간이 얼마나 걸리느냐의 문제일 뿐 꾸준히 자기의 길을 가다보면 누구나 원하는 도착지에 다다를 수 있다는 사실도 알고 있다.

자전거를 탈 때 핸들 방향만 제대로 잡고 있으면 발을 얼마나 빨리 굴리느냐의 문제만 남게 된다. 맞는 길을 가고 있다면 빠르든 느리든 어떻게든 목적지에 다다른다는 사실에는 변함이 없다.

현재 전 세계에서 매일 20억 병이 팔리는 코카콜라 역시 첫 해에는 고작 25병밖에 판매되지 않았다. 부자들은 그들의 노력이 충분히 보상을 받을 때까지 기다리는 인내를 갖추고 있다. 워런 버핏 역시 스스로 부자가 될 것이라고 믿었다고 한다. 단 하루도 의심하지 않았다.

하루에 1퍼센트 성장하면 1년에 무려 37.8배의 성장을 이룰 수 있다. 부자들은 매일 지속적으로 성장하는 삶을 살기 위해 노력한다. 결코 포기하지 않는다. 그러나 가난한 자들은 조금만 높은 장애물만 나타나도 포기라는 단어부터 떠올린다.

삶에 왕도는 없지만 시행착오를 거치며 매일 성장하는 사람과 그렇지 않은 사람 간에는 점점 더 많은 차이가 날 수밖에 없다. 정말 부자가 되고 싶다면 '나중에 부자가 되면'이라는 말만 되풀이하지 말고, 부자들의 삶의 방식을 기꺼이 배울 필요가 있다.

34장

할 수 있는 일을 선택하고 그것에 집중하라

경제적 자유를 달성하는 데 있어 다양한 요소가 작용할 수 있다. 그러나 많은 성공한 사람들의 공통된 특징 중 하나는 운이나 외부 요인에 의존하기보다 자신이 할 수 있는 일에 집중하는 능력이다. 부자는 성공이 단순히 우연이나 행운의 문제가 아니라는 사실을 알고 있다. 오히려 노력, 헌신 등 자신이 통제할 수 있는 일에 집중한다.

⑤ 타고난 운은 중요하다

사실 부를 결정짓는 요소 중에서 운이 차지하는 비중은 상당히 크다. 인생을 살다보면 실망스러운 성적표를 받고 자신을 원망하기도 한다. 그러나 그 실패가 온전히 당신의 책임만은 아니다. 모든 일의 결과는 주변의 다양한 환경의 영향을 받기 때문이다.

여기에는 운이라는 변수가 적용된다. 투자를 예로 들어보자. 대공황 이후 1930년대나, 스태그플레이션이 일어났던 1970년대에 주식투자를 시작한 미국인들은 10년 동안 자산을 늘리기가 매우 어려웠을 것이다. 반대로 1980년부터 주식투자를 시작하여 기술주 붐이 일어났던 2000년 사이에 투자를 시작한 미국인은 어떤 주식을 사도 대부분 높은 수익률을 거두었을 가능성이 높다.

이처럼 투자를 시작한 시기에 따라서 투자 운명이 달라질 수 있다. 그뿐만이 아니다. 당신이 어느 나라에 태어났고, 주변에 어떤 사람들이 있었는지에 따라 부자가 될 확률이 달라질 수 있다. 이렇게 내가 전혀 통제할 수 없는 운이라는 요인에 의해 인생의 상당 부분이 결정된다.

그렇다면 운이 따르지 않으면 부자가 되기도 불가능할까? 그렇지 않다. 내가 통제할 수 없는 운과는 다르게 '기회'라는 이름으로 내가 거머쥘 수 있는 행운도 존재한다. 부자들이 모두 운을 타고난 사람들이라서 부자가 된 것은 아니다. 오히려 운명보다 자신의 선택을 믿는 사람들이 대부분이다. 즉 그들은 통제할 수 없는 운명에 집중하지 않는다. 그보다는 자기 힘으로 할 수 있는 것에 집중한다.

많은 사람들이 "나는 운이 없어"라고 한탄할 때, 부자들은 오히려 그들에게 다가올 기회가 어떤 것일지 매일 탐구한다. 그들의 준비 과정은 치열하다. 어떤 기회가 언제 그들을 스쳐갈지 모르기 때문에 항상 레이더를 켜놓고 있다.

💲 부자는 그들이 할 수 있는 것에 집중한다

다시 한 번 강조하지만 부자들은 자신이 할 수 있는 일에 집중한다. 주요 방법 중 하나는 일의 우선순위를 정함으로써 가장 중요한 것을 먼저 수행하기 위해 노력한다. 자신이 통제할 수 있는 일에 집중함으로써 빠르고 효율적으로 성과를 달성할 수 있다.

또 다른 중요한 특징으로는 부자들은 자신의 행동에 책임을 지고, 자신의 선택에 따른 결과를 받아들인다. 그들은 실패나 좌절에 대한 원인을 외부로 돌리지 않는다. 그러한 경험을 학습 기회로 사용하고 또 다른 개선을 이루어 낸다.

더욱이 그들은 성공이 항상 쉬운 것은 아니며, 좌절과 도전은 피할 수 없는 것임을 알고 있다. 그러나 그들은 역경 속에서도 목표에 집중하고 계속 앞으로 나아간다. 긍정적인 태도와 강한 집중력을 유지함으로써 장애물을 극복하고 결국 목표를 달성한다.

그러나 대부분의 투자자들은 남들이 성공한 방식을 뒤늦게 따라하곤 한다. 스스로의 목표에 집중하지 못하고 조금 해보고 아니다 싶으면 또다시 다른 방법을 찾아서 이곳저곳을 헤맨다. 결국 적당히 이것저것 모두 다리를 걸쳐놓고 군중심리에 만족을 느낀다. 스스로 어딘가에 속해 있다는 사실에 안심하며, 대중과 비슷하게 움직여야만 불안하지 않다고 느낀다.

하지만 부자가 되고 싶다면 부자의 법칙을 따라야 한다. 자신이 할 수 있는 일에 집중하는 것이 재정적 성공을 달성하는 데 가장 중요한 요소라는 사실을 기억하자. 부자들은 운이나 외부 요인에 의존하기보다 자신의 행동과 결정에 주인의식을 갖고 집중한 사람들이다.

35장

너 자신을 알라! 그러면 돈이 벌린다

'메타인지'라는 말이 있다. 자기 자신에 대해서 잘 알고 보완해 나가는 능력을 말하는데, 이는 부자로 가는 여정에서 아주 중요한 능력이다. 대부분의 사람들은 투자를 시작할 때 얼마나 많은 돈을 벌수 있을까만 생각한다. 그러다 보니 투자한 자산가격의 오르내림에만 관심을 쏟게 되고, 정작 투자에서 가장 중요한 자기 자신을 보지 못한다. 자신의 투자 성향이 공격적인지 방어적인지, 단기로 투자 수익을 얻고자 하는지, 장기로 얻고자 하는지 기준이 없다. 내 인생의 여정을 기반으로 어떻게 투자를 해야 할지 장기적인 계획이 없는데 어떻게 투자가 잘 될 수 있을까?

투자가 잘 안 될 때, 모든 문제는 나에게 있다. 단순히 좋은 자산을 사면 언젠가는 성공할 것이라는 마음만으로는 성공이 보장되지 않는다. 자신의 성향을 모르고서는 장기적으로 성과를 낼 수 있을 때까지 투자를 이끌어 나갈 강한 정신력이 생길 수가 없다.

이는 단순히 투자에서만 적용되는 법칙이 아니다. 연구에 따르면 학업에서도 메타인지 능력이 높은 학생들이 비교적 더 좋은 성적을 낸다고 한다. 본인의 능력치를 정확히 알고 있는 학생들은 스스로 부족한 점을 찾아 보완하기 때문이다.

$ 자기 자신의 투자성향을 깨달아라

그렇다면 어떻게 자신의 투자성향을 알아낼 수 있을까? 통상 '메타인지'를 향상시키는 방법은 그 어떤 것이든 많은 시간을 들여 경험해 보는 것이라고 한다. '경험이 자산'이라는 말이다.

그렇다면 투자시장에서 대접받는 구루들이 왜 나이 지긋한 분들인지 이해가 간다. 그들은 수많은 경험을 통해서 스스로 시장에서 살아남는 법을 깨우친 위대한 투자자들이다. 우리도 시장에서 얻은 절대적인 경험치가 많을수록 훌륭한 투자자로 성장할 수 있다. 그러므로 초보 투자자일수록 시장에서 많은 시간을 보내면서 이렇게도 투자해 보고 저렇게도 해 보면서 시장에 적용, 적응해 가야 한다. 그렇게 적당히 수업료를 내다보면 어느 순간 자신이 감내할 수 있는 수준과 성향이 가늠되기 시작한다.

이런 경험을 통해서 나만의 기준이 생기면서 '심리적으로 힘들지 않은 선에서 꾸준히 투자하며 버틸 수 있는 어떤 선'을 확인할 수 있다. 이렇게 자신을 파악하고 나면 자산시장에서 내 포지션을 자유자재로 조절할 수 있다. 남의 말에 휘둘리지 않고 나만의 투자를 해나갈 수 있게 된다.

💲 내 자신의 투자 성향에 대해서 고려할 사항

투자자들은 자신의 개인적인 투자 취향, 위험 허용범위 및 재정 목표를 확실히 이해하는 것이 중요하다. 고려해야 할 몇 가지 주요 사항으로 무엇이 있을까?

먼저 투자하기 전에 목표를 확인하는 것이 중요하다. 은퇴를 위해 돈을 버는 것인지, 집을 구입하려는 목적인지 아니면 장기적으로 부를 쌓고 싶은 것인지 말이다. 각 투자자의 목표는 그들이 선택한 투자 방향과 투자 일정에 큰 영향을 미친다.

본인의 위험 허용범위에 대해서 아는 것도 아주 중요하다. 이것은 사람마다 천차만별이다. 어떤 사람은 높은 보상을 제공하는 고위험 투자를 선호하는 반면, 또 어떤 사람은 꾸준하고 예측 가능한 수익을 얻는 저위험 투자를 선호한다. 스스로의 위험 허용범위를 이해하면 적어도 마음속의 불안감은 잠재울 수 있다.

투자 기간 역시 중요하다. 투자 기간은 투자자의 인생 사이클과 궤를 같이 한다. 만약 투자 기간이 길다면 더 많은 위험을 감수하고 주식과 같은 고위험 자산에 투자할 수 있다. 투자 기간이 짧다면 채권 같은 위험도가 낮은 자산에 집중하는 것이 좋다.

이렇게 스스로의 투자 목표를 이해하고 위험 허용범위, 투자 기간 등을 고려하여 각자에게 맞는 투자 결정을 내릴 수 있다. 또한 단순히 내 성향을 파악하는 것 외에 시장동향 및 경제상황에 대한 꾸준한 관심을 가지는 것도 중요하다.

2020년 코로나 팬데믹 이후 미국에 상장된 레버리지 ETF에 투자하는 국내 투자자들이 크게 늘어났다고 한다. 나는 이런 방식의 투자를 반대하지 않는다. 그러나 그들이 자신들의 투자 성향에 대하여 깊게 고민하고 투자를 하고 있는지 의문스럽다. 그들이 짊어져야 할 책임은 무엇일까? 그것은 지수보다 3배로 급격하게 움직이는 변동성을 견뎌내는 것이다. 예를 들어 필라델피아 반도체 지수를 3배로 추종하는 SOXL.etf의 경우는 50% 이상 주가가 하락하는 일이 1년에 한 번씩은 발생한다. 2022년 하락장에서는 80%가 넘게 하락했다. 그러나 반도체 섹터의 장기적 성장성을 믿으며 상대적으로 안정적인 부동산 자산을 충분히 깔고 있는 투자자라면 이런 변동성을 충분히 견뎌낼 수도 있다.

단기간에 자신의 투자방식을 찾아내기란 쉬운 일이 아니다. 그

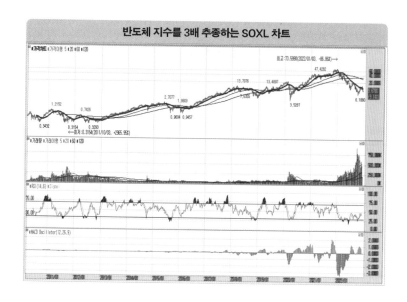

반도체 지수를 3배 추종하는 SOXL 차트

렇다 하더라도 시장에 참여하기 전 자신에 대해 아는 것이 실수를 줄이는 지름길이다. 자신이 어떤 자산을 투자하고 있을 때 마음이 편해지는지 알면 쉽게 흔들리지 않는다. 어떤 상황에서도 자신에게 적합한 생존방식을 터득하기를 바란다. 시장에서 오래 생존하면서 경험이 쌓일수록 더 높은 확률로 수익을 거두는 자신을 만나게 될지도 모른다.

36장
가치 투자보다 같이 투자가 좋다

정글을 통과하기 위해서 나는 혼자 볼 수 있는 것보다 더 많은 것을 볼 수 있어야 했다. 하지만 모든 사람이 부딪치는 가장 큰 두 개의 장애물이 내 앞을 가로막고 있었다.

우리의 '자아'와 '사각지대'라는 장벽.

자아는 스스로의 약점을 인정하는 것을 방해한다. 올바르고 싶은 욕망은 무엇이 진실인지 알고 싶은 욕망보다 앞선다. 그래서 우리는 자신의 의견을 검증하지 않고 옳다고 믿는다. 우리는 특히 자신의 잘못과 약점을 보고 싶어 하지 않는다. 약점과 실수에 관해 탐구하는 것을 본능적으로 공격이라고 받아들이는 것이다. 이런 행동은 더 나쁜 결정으로 이어지고 더 많은 것을 배우지 못하도록 만들며 우리의 잠재력을 발휘하지 못하게 한다.

사각지대는 사람들이 각자 서로 다른 방식으로 사물을 보기 때문에 존재한다. 어느 누구도 혼자서 주변에 있는 모든 위험과 기회를 볼 수 없다. 당신이 보지 못하는 것을 볼 수 있는 사람들의 도움을 받는다면, 당신은 혼자 볼 수 있는 것보다 훨씬 더 많은 것들을 볼 수 있다. 인생이라는 정글에서 위험과 기회를 성공적으로 찾아내려면 나는 이런 방법이 반드시 필요하다는 것을 알게 됐다.

목표를 달성하기 위해 나는 내가 옳다는 즐거움보다 무엇이 진실인지를 배우는 즐거움을 선택했다. 그래서 나는 나와 의견이 다르고, 아주 사려 깊은 사람들을 찾았다. 나는 그들의 눈을 통해 사물을 보고, 그들은 나의 눈을 통해 사물을 봤다. 덕분에 우리 모두는 무엇이 진실인지 찾아내고 그에 대응하는 방법을 발견할 수 있었다. 그리고 나는 그들 사이에서 '사려 깊은 반대의 기술'도 배우고 싶었다. 단지 나만의 시각으로 사물을 보다가 이런 사려 깊은 사람들의 시각으로 사물을 보는 것은 마치 흑백으로 사물을 보다 컬러로 사물을 보는 것과 같았다. 세상이 환하게 빛났다.

바로 그 순간, 나는 인생이라는 정글을 헤쳐 나가는 가장 좋은 방법은 나와 다른 시각으로 사물을 보는 통찰력 있는 사람들과 함께하는 것이라는 사실을 깨달았다.

_레이 달리오 《성공 원칙PRINCIPLES FOR SUCCESS》 중에서.

자본주의를 살아가면서 뜻이 맞는 동료들이 있다는 것은 아주 멋진 일이다. 투자는 장기적인 안목으로 시간을 기다리는 일이다. 내가 투자한 자산이 충분히 자라날 때까지는 오랜 시간이 걸린다. 그 시간 동안 항상 마음 편한 이벤트만 발생하지 않는다. 시장은 우리가 진실한 투자자로서 자격이 있는지 끊임없이 시험할 것이다. 이럴 때 같은 목표를 가지고 있는 동료들이 있다면 인내의 시간도 즐거울 수 있다. 나는 동료 투자자들과 함께하면서 다음과 같은 장점이 있다는 사실을 알게 되었다.

💲 나보다 뛰어난 아이디어를 접할 기회가 된다

투자란 세상을 이해하는 일이다. 마치 살아있는 생물처럼 매일 변하는 경제상황을 정확히 이해하기란 개인투자자로서 버거운 일이다. 이는 매일 시장에서 발생하는 소음에 민감하게 반응해야 한다는 의미는 아니다. 그러나 개인 혼자만의 힘으로는 시장이 주는 '부의 시그널'에 정확히 귀를 기울이기는 어려운 일이다. 나에게 투자 파트너가 있다면 이런 단점을 어느 정도는 커버할 수 있다. 사람마다 갖고 있는 투자에 대한 자세, 관념 등이 다양하기 때문에 여럿이 스터디 등을 통해서 함께 공부한다면 더 좋은 투자 아이디어를 도출해 낼 수 있다.

투자 선배 한 분이 이런 말을 종종 한다. "하나의 사과는 서로 나누면 반쪽이 되지만, 하나의 아이디어는 나누면 각자 두 개의 아이디어를 가질 수 있게 된다."

나도 모르게 편협해진 시야가 함께 하는 파트너로 인해서 다시 넓어질 수 있는 기회로 삼아보자. 단 투자 파트너를 만들 때는 당신만큼 열정이 있고, 자신만의 목표를 끝까지 이뤄낼 수 있는 사람들이면 더욱 좋다. 어떤 사람에 대해서 알고 싶다면 그의 주변 사람을 알아보라는 말이 있듯이, 성공한 사람들과 어울린다면 나 역시 성공에 더욱 가까워질 수 있다. 물론 이런 네트워크를 유지하려면 나 역시 그들에게 도움이 되는 사람으로 성장해야 한다. 내가 할 일도 제대로 못 하면서 남들에게 도움만 받으려는 태도는 스스로를 도태되게 만들기 쉽다.

⑤ 숱한 위기에서 함께 버티는 힘이 된다

좋은 투자자들과 함께 시장을 헤쳐나간다는 것은 심적인 안정감을 함께 준다. 특히나 자산시장에 위기가 왔을 때 지원군들이 있다면 서로 포기하지 않도록 도움을 줄 수 있다. 아무리 자신이 투자한 자산에 대한 확신이 있더라도 시장이 크게 흔들리면 사람인 이상 심리적으로 동요되기 쉽다. 내 투자 아이디어를 다시 점검하고 필요한 수치들을 검토하면서 스스로 다독이는 데 한계가 있다는 말이다. 이런 경우 함께하는 투자자들과 의견을 나눠 볼 수 있다. 이렇게 의견을 나눌 때는 적극적이고 개방적인 자세로 서로의 생각을 나눠야 한다.

약세장에서는 작은 실수로도 큰 손실을 볼 가능성이 높다. 면밀히 서로의 투자에 대한 검토와 함께 조언을 해주면 좋다. 나 역시 시장이 조정을 보일 때는 주말마다 함께 투자하는 친구들을 만나서 시장에 대한 이야기를 나누곤 한다. 그렇게 가볍게 서로의 의견을 나누기만 해도 약세장을 버티는 강한 멘탈을 다지는 데에 큰 도움이 된다.

⑤ 객관적인 나의 포지션을 볼 수 있다

내가 만든 투자 파트너들과 비교하여 나의 객관적인 위치를 재점검해 볼 수 있다. 이것은 누가 더 자산이 많다거나, 수익률이 뛰어나다거나 수치로 비교하고 조바심을 내라는 말이 아니다. 파트너들과 함께 나의 객관적인 포지션에 대해서 검토해 보고, 나의 장/단기 목표를 수정해 볼 수 있다. 내 자산 상태는 남들보다 투자 위험에 얼마나 노출이 되어 있는지, 과도한 목표 설정으로 너무 많은 레버리지를 사용하고 있지는 않은지 등 말이다. 뛰어난 파트너들과 함께 한다면 그들의 투자 포지션을 참고하는 것만으로도 배울 것이 많다. 나보다 먼저 성공한 사람에게 앞으로의 방향에 대해서 조언을 받을 수도 있을 것이다.

내가 투자자로서 성공하고자 주변환경을 선택할 수 있다는 것은 아주 좋은 일이다. 훌륭한 투자 파트너들과 교류를 맺기 바란다. 단 이들과 함께 가기 위해서는 나만이 도움을 받겠다는 이기심은 버려야 한다. 함께 하는 파트너들 각자의 소중한 자산 아이디어를 공유하며 귀중한 시간을 투자하는 것이다. 그들과 함께 할 수 있음에 감사한 마음을 가지고, 그들의 노고에 존중을 표현하자. 물론 나 역시 그들에게 꾸준히 도움이 될 수 있는 사람이 되도록 노력하는 것도 당연하다. 혼자 가면 빨리 가고, 같이 가면 멀리 간다는 말이 있지만 요즘 세상은 다르다. 같이 가야 빨리, 그리고 더 멀리 갈 수 있다.

37장
불확실성은 투자자의 적이 아니다

투자자들은 '불확실성'을 싫어한다. 모든 조건이 안정적으로 갖춰져야만 자신이 안전하게 투자할 수 있다고 느낀다. 그러나 이는 큰 착각이다. 이런 불확실성이 있기 때문에 오히려 우리 같은 월급쟁이들도 자본주의에서 승자가 될 가능성이 생긴다. 만약 투자에 불확실성이 없다고 가정한다면 누가 부자가 될까? 예를 들어 어떤 땅이나 주식을 사놓으면 2년 뒤에 무조건 2배로 가격이 올라간다면 어떨까. 그동안 굳이 투자를 하지 않았던 사람들까지 쌈짓돈을 꺼내어 투자시장에 달려들 것이다.

그렇다고 이들이 부자가 되지는 못한다. 이렇게 확정적인 수익을 거둘 수 있는 상품이 있다면 오히려 돈 많고 권력 있는 사람들이 해당 자산을 모조리 사버릴 것이기 때문이다. 결국 부의 격차는 더 늘어나게 되고 상대적으로 가난해진 월급쟁이들은 경제적 자유를 누리기 어려워진다. 하지만 이런 불확실성, 투자환경이 계속 변한다는 사실이 자본주의 게임을 평등하게 만들었다. 그러니 이 불확실성 자체를 무서워하기보다는 즐길 필요가 있다.

💲 불확실성은 투자자를 따라다닌다

불확실성은 투자자들을 항상 따라다니는 그림자와 같다. 그런데도 투자자들은 불확실성을 위협 자체로 생각한다. 조그만 불확실성으로 인한 악재를 과장하여 받아들인다. 이런 현상을 '파국화'라고 한다. 통상 투자에서 손실을 보았던 사람들에게서 나타나는 현상인데, 전형적인 인지적 왜곡이다. 강렬한 손실의 경험이 머리에 남아 추후에도 항상 최악의 경우를 생각하고 그런 일이 언제든지 벌어질 수 있다고 믿는 것이다. 한마디로 현재 상황을 현실보다 훨씬 나쁘게 보는 것을 말한다.

이런 이유로 투자에서 비관론은 낙관론보다 더욱 주목을 받기 쉽다. 주식이나 부동산에 대한 낙관적인 의견은 관심을 받지 못하지만, 온갖 이유로 하락을 말하는 것에 사람들은 더 귀를 기울인다. 하락에 대한 공포심이 그들을 주목하게 만드는 것이다. 하지만 이렇게 비관론에 익숙해지는 것이 투자자에게 좋은 현상일까. 작은 악재에도 놀라 시장에서 도망가는 투자자가 되기 쉽다.

물론 불확실성에 어느 정도의 대비는 갖춰야 한다. 마냥 대책 없는 것보다는 낫다. 하지만 파국화는 당신이 기꺼이 짊어지고 갈 수도 있는 작은 변동성을 큰 괴물로 만들어 버린다. 그렇게 증폭된 공포는 반대로 당신이 큰 기회를 놓칠 수도 있게 만든다. 투자의 세계에서는 시장에 악재가 있을 때 좋은 기회의 문이 열리는 것이 일반적이기 때문이다. 이렇게 불확실성을 제대로 이용하지 못 하는 투자자들은 심리적 압박을 이기지 못함과 동시에 좋은 기회마저 놓치게 되는 실수를 하게 된다. 자산을 늘리려는 투자자에게 이보다 심각한 재앙은 없다.

⑤ 불확실성을 받아들이고 활용하라

그렇다면 이러한 불확실성을 어떻게 활용해야 할까. 가장 좋은 자세는 시장의 변동에 유연함을 갖는 것이다. 시장이 어떻게 변하는지 유심히 바라보면서 언제든지 그 변화에 능동적으로 대처할 수 있는 능력이 필요하다. 말은 쉽지만 정말 어려운 일이다.

예전에 읽었던 책 중에 자기계발서의 조상 격인 《PING!》이라는 책이 있다. 이 책의 마지막 구절이 여전히 기억에 남는다. 주인공 개구리가 마지막 죽을힘을 다해서 강물을 뛰어넘으려고 하다가 결국엔 득도의 경지에 올라 물길에 자신의 몸을 맡기고 유유히 흘러가며 책은 끝난다. 당시에는 개구리가 모든 것을 포기한 것이 아닌가 생각했다. 그러나 결국은 어떤 상황에서도 그 변화에 몸을 실을 줄 아는 것이 가장 중요하다는 내용의 끝맺음이었다.

우리는 불확실성이 만드는 변동성에 적응하고 이를 이용할 줄 알아야 한다. 유연함을 갖춘 투자자에게 시장은 두렵거나 욕망의 대상이 아니다. 통상 투자의 좋은 기회는 불확실성이 높아지는 시기에 온다.

투자자 구루 하워드 막스는 주식투자에 있어서 떨어지는 칼날을 잡으라고 했다. 불확실성이 아직 남아 있을 때 떨어지는 칼날을 잡는 것이 더 유리하다는 의미다. 모든 것이 확실해지고 나면 이미 가격은 저만치 높게 올라있기 때문에 투자자가 수익을 낼 수 있는 시기는 시장에 아직 불확실성이 남아 있을 때라고 말했다.

주식과 부동산 시장에서는 끊임없이 투자자들을 혼란에 빠뜨리는 이슈들이 발생한다. 그 이슈들이 해결되지 않아서 앞으로의 시장 전망이 불투명할 때가 투자자들에게는 좋은 기회다. 이런 시기에 시장에서 도망가 버린다면 성공하는 투자자가 될 수 없다. 기꺼이 이 불편함에 몸을 던지라. 당신의 자산이 크게 자라날 것이다.

38장

수많은 경험이 성공의 어머니

뷰카의 시대다. 뷰카(VUCA)란 변동성(Volatility), 불확실성(Uncertainty), 복잡성(Complexity), 모호성(Ambiguity)의 앞 글자를 합친 단어다. 급변하는 경제환경과 모호한 환경에서 살아가야 하는 투자자가 되어버린 지금, 우리는 어떻게 살아남아야 할까? 더 이상 명확한 인과관계에서 나오는 논리적인 사고로만 판단하기에는 세상이 더 어려워졌다. 변화의 속도는 월등히 빨라졌고 패러다임을 깨부수는 수많은 아이디어들이 끊임없이 나오고 있는 요즘이다.

이럴 때 투자자들에게 필요한 것이 직관이라고 생각한다. 주위에 보면 투자에서 좋은 성과를 자주 내는 분들이 있다. 어떻게 그렇게 수익을 잘 내는지 물어보면 대부분 명확한 대답을 내놓지 못한다. 그냥 '감'대로 투자한다고 얘기하는 분들이 많다. 그들이 말하는 감은 직관이자 통찰력이다. 현재 상황을 종합적으로 판단하고 그에 맞는 판단을 순간적으로 내는 능력이 뛰어난 것이다. 이런 직관은 요즘처럼 복잡해져만 가는 세상에서 가장 필요한 것이 아닌가라는 생각이 든다. 그럼 이런 직관은 어디에서 오는 것일까? 나는 직관은 경험에서 온다고 믿으며, 이 '경험'을 두 가지로 나눌 수 있다고 생각한다.

⑤ 반복적인 경험의 숙달로 성장하자

첫째는 반복성이다. 같은 행위를 무수히 반복해 보는 것이다. 이런 시도의 결과가 성공이든 실패든 그것은 크게 상관없다. 굳이 나누자면 자잘한 실패를 자주 답습하는 것이 더 좋다고 생각한다. 사람은 시도가 잘못되어 수습하는 과정에서 더 많이 배우기 때문이다. 이처럼 시행착오를 겪으면서 더 좋은 방법을 찾아 나서다 보면, 똑같은 상황과 마주쳤을 때 대처하는 능력이 달라진다.

이것이 시장에서 수십 번 깨져도 좋은 이유다. 통상 투자에서는 내가 잘 알고 있다고 착각할 때가 가장 위험할 때다. 한두 번의 경험만을 가지고 마치 모든 것을 아는 것처럼 자만하다가 시장에서 크게 당하는 경우가 많다. 충분히 내 몸에 익혀질 때까지 반복해서 시도해 보길 바란다.

주식이라면 모의투자도 괜찮고, 부동산이라면 자주 부동산에 물건을 보러 다니면서 나중에 다시 가격을 비교 검증해 보는 것이다. 단, 실제로 투자를 하면서 배울 생각이라면 최대한 시드머니를 잘게 쪼개서 진행하길 바란다. 직관이 어느 정도 무르익지 않은 상태에서 큰돈을 잃어서는 안 된다.

⑤ 다양한 경험은 추후 좋은 결정을 내리게 해준다

둘째는 경험의 다양성이다. 그냥 이것도 해보고, 저것도 해보면서 다양하게 두루두루 경험해 보는 것이 중요하다. 이는 성공이냐 실패냐의 개념이 아니다. 말 그대로 모든 것에 대한 경험을 다 해보는 것이다. 굳이 투자에 대한 경험일 필요도 없다. 인생이란 알 수 없는 것이다. 과거의 어떤 경험이 미래의 나로 하여금 올바른 결정을 내리게 도와줄지 알 수 없다. 더 나은 결정을 내릴 훗날을 위해 지금 이것저것 다양하게 발을 걸쳐놓으면 좋다.

이를 뒷받침하는 실제 학자들의 이론이 있다. 프랑스의 인류학자 클로드 레비 스트로스(Claude Levi Strauss)는 남미의 마토 그로소(Mato Groso) 원주민들의 이야기를 저서 《슬픈 열대》에서 언급했다. 이들은 정글을 걷다가 무언가를 발견하면 우선 보관부터 하는 습성이 있다고 한다. 당장은 어디에 도움이 될지 모르지만 언젠가는 도움이 되리라고 생각하는 것이다. 이렇게 미리 습득해 두었다가 필요할 때 요긴하게 사용하는 능력으로 공동체를 유지할 수 있었고, 이를 '브리콜라주'라고 명명하였다.

레비 스트로스는 이들의 습성이 유연한 현대인의 사고방식의 하나일 것이라 말했다. 누구나 이런 경험이 있었을 것이다. 예전에 별 생각 없이 버리지 않고 놔두었던 어떤 물건이 추후에 마침 생각나 아주 요긴하게 사용했던 경험 말이다. 인생을 살아가는 경험에서도 이런 것이 필요하다고 생각한다.

위와 같은 두 가지의 경험이 계속 쌓여 나갈수록 과거에서 배우는 직관력은 더 높아질 것이다. 직관이 훌륭해진다면 추후 중요한 결정을 내려야 하는 상황에 맞닥뜨렸을 때 좋은 결과를 만들어 낼 수 있다. 이미 투자의 세계에서 성공한 사람들은 예전부터 수많은 경험을 통해 만든 직관력 덕분에 그 자리에 있다. 투자라는 행위 자체에 겁을 먹지 말고 많고 다양한 경험을 해보자. 점점 더 현명해지고 성공한 투자자로 성장해 나갈 수 있도록 말이다.

39장
누구나 경제적 자유를 꿈꾸지만…

누구나 경제적 자유를 꿈꾼다. 내가 원하는 것만 할 수 있는 자유, 누구에게도 고개 숙이지 않을 자유, 먹고 싶은 것과 사고 싶은 것이 있으면 가격표를 보지 않고 기꺼이 지불할 수 있는 자유를 원한다. 그리고 이러한 자유로운 삶을 사는 데에 필요한 돈을 자본이 벌어다 주는 삶을 꿈꿀 것이다. 아무것도 하지 않아도 돈이 들어오는 삶 말이다.

그러나 이런 상상 속의 삶이 당신이 생각한 것처럼 마냥 편하기만 한 것이 아닐 수 있음을 생각해 봤는가? 대부분의 사람들은 부동산이나 주식으로 돈을 버는 것을 불로소득이라고 부른다. 말 그대로 노동이 없어도 소득이 들어온다는 의미다. 그러나 실제로 부동산 임대사업자나 주식투자자들이 얼마나 많은 정신적인 스트레스와 노동에 시달리는지 아는 사람들은 많지 않다. 오히려 직장에서 정해진 루틴대로 일하면 꼬박꼬박 정해진 금액이 들어오는 노동소득이 더 편하게 느껴지는 투자자들도 많을 것이다.

⑤ 투자자에게 쉬운 세상은 없다

월급쟁이들이 생각하는 것만큼 투자자에게 쉬운 세상은 없다. 쉽게 예를 들어보자. 물건을 만들어 공급하는 생산자와 사용하는 소비자 중에서 누가 더 할 일이 많을까? 당연히 물건을 사서 소비하는 사람보다는 그 물건을 만들어서 유통하는 생산자일 것이다. 생산자는 팔리는 물건을 만들기 위해서 많은 일을 해야만 한다.

당신이 음식 장사를 한다고 가정해 본다면, 먼저 맛집이 되기 위해서 많은 조리법을 연구할 것이다. 그리고 어떻게 해야 원재료를 저렴하게 사와서 조금이라도 더 마진을 남길 수 있을지 고민할 것이다. 뿐만 아니라 사람들이 찾아오게 만들도록 마케팅은 어떻게 해야 할지도 여러 방면으로 알아볼 것이다.

이렇게 어떤 물건을 남에게 팔기 위해서는 보이지 않는 수많은 노력이 필요한 법이다. 부동산 투자도 마찬가지다. 주택 임대사업자들이 단순히 땅을 가지고 떵떵거리는 사람들일까? 절대 그렇지 않다.

임대사업자들은 좋은 입지의 부동산을 매입하여 좋은 컨디션으로 임차인에게 2년 동안 집을 제공하는 생산자다. 정부에서 공급하기 어려운 주택을 민간에서 공급해 주는 생산자로 양질의 주거 공간을 제공할 책임이 있다. 임차인들에게 편안한 집을 제공하면서도 국가가 정해 놓은 많은 기준들을 만족시켜야 하는 의무도 가지고 있다. 예를 들면 문재인 정부 시절에는 임대차 계약을 갱신할 때마다 5% 이상으로 임대료를 올리지 못했다. 정부의 요구사항을 지키면서 임대인의 의무를 다 해야 하는 것이다.

임차인이 편하게 살 수 있도록 불편사항도 해결해 주어야 한다. 집에 물이 새거나 보일러가 고장나서 불편을 겪는 임차인들에게 최선의 서비스를 제공한다는 마음이 필요하다. 결코 노동이 들지 않는 불로소득이 아니다.

주식투자라고 쉬울까? 주식은 부동산 투자보다 더 많은 신경을 써야 할지도 모른다. 주식에서 나오는 안정적인 소득을 만들려면 얼마나 주식을 보유해야 할까? 배당 소득세를 고려하여 대략 3%의 배당률로 계산해 본다면 월 500만 원씩 1년에 6,000만 원의 배당을 받기 위해서는 약 24억 원이 있어야 한다. 그러나 24억을 주식도 아닌 배당주로 가진 사람은 극히 드물다. 그렇기 때문에 주식투자로만 안정적인 배당 소득을 만들기는 매우 어렵다.

그래서 주식투자로 생활비를 충당하는 전업투자자들은 단타 매매를 주로 한다. 그러나 트레이딩을 한다는 것은 웬만큼 주식시장에서 잔뼈가 굵은 투자자가 아니면 수익을 보기 힘들다. 밥을 먹거나 식사를 하거나 심지어 잠자리에서도 하루종일 주식을 생각해야 한다. 덕분에 하루종일 불안할지도 모른다. 트레이더는 수익이 보장된 직업이 아니기 때문이다. 주식 트레이딩만 하면서 생활비를 마련하는 것은 결코 쉬운 일이 아니다. 조금 돈을 벌어본 후 전업투자를 하겠다고 선언했던 투자자들이 다시 직장에 돌아갔다는 이야기는 생각보다 많이 들려온다.

이 책에서는 월급쟁이가 노동소득을 기본으로 하여 부동산과 주식이라는 두 개의 엔진으로 날아올라 부자의 성에 도달하는 이야기를 담고 있다. 부동산과 주식투자는 반드시 시간의 힘을 빌려야 한다. 따라서 노동으로 인한 주기적인 수익이 발생하지 않으면 자산이 충분히 자라날 때까지 버틸 힘을 얻을 수 없다. 물과 음식이 없이는 젖과 꿀이 흐르는 오아시스에 도달하기 어려운 이치다.

💲 짧은 시간에 부는 이루어지지 않는다

투자를 하면서 실질적으로 드라마틱한 자산의 증가를 만나게 되는 시기는 결코 길지 않다. 믿기 어렵겠지만 투자하는 기간을 10이라고 가정했을 때 자산이 늘어나는 기간은 1, 길어야 2 정도의 시간이다. 나머지는 말 그대로 존버, 즉 인내하는 기간이다. 파레토의 법칙이 투자수익에서도 그대로 적용된다. 투자 기간의 20%가 자산의 80%를 벌어다 준다는 사실을 기억하라.

나는 2011년부터 투자를 시작하여 2023년 13년차 투자자가 되었다. 투자를 시작한 이후로 정말 주말을 포함해서 단 하루도 경제 공부를 하지 않은 날이 없었다. 인터넷에서 기업에 대한 정보를 찾아보고, 부동산 매물을 찾고 전화로 묻고 임장하고, 많은 책들을 읽으면서 12년을 보냈다. 그러나 본격적으로 자산이 늘어난 것은 2019년이나 되어서였다.

같이 부동산 투자를 하는 친구 C가 있다. 이 친구는 송파구에 거주하면서 수도권에만 십 수 채의 임대주택을 보유했다. 내가 선배처럼 여기고 따르는 친구다. 2021년 어느 날 함께 식사를 하면서 이 친구가 한 이야기가 기억에 남는다.

"부동산에 8년을 투자했는데, 돈은 올해 다 벌었어."

과연 이 친구가 2021년에 더 많은 공부를 했기 때문에 그랬을까? C는 어땠는지 몰라도 나는 그냥 시장에 돈을 계속 묻어두고 기다리고 있었을 뿐이었다. 지난 12년과 똑같이 시간을 보냈을 뿐이다. 그러나 시장이 21년에 돈을 벌어다 주었다. 과연 우리가 투자자로서 크게 성과가 나오지 않는데 8년을 노동소득 없이 기다릴 수 있었을까? 아니었을 것이라 생각한다. 부부가 함께 열심히 노동소득을 벌면서 8년이라는 시간을 버텨냈기에 시장이 보상을 준 것이다.

이렇게 투자자들은 언제 찾아올지 모르는 자산 급등의 시기를 기다리며 시장에 항상 머물러야 한다. 그리고 시장에서 머무르기 위해서는 기본적으로 주기적인 현금 흐름이 발생해야 한다. 다시 강조하지만 대부분의 투자기간은 기다림이다. 그리고 그 기다림을 가능하게 해주는 것은 노동이 주는 소득임을 잊지 말자. 남들이 보기에 정말 편하게 돈을 버는 투자자는 이미 많은 것을 이뤄 놓은 상위 1%의 투자자들이다. 대부분의 투자자들에게 쉬운 세상은 없다.

40장
돈 버는 투자자의 3가지 원칙

"지금부터 웃음기 사라질 거야. 가파른 이 길을 좀 봐"

〈오르막길〉이라는 노래 제목의 첫 가사를 나는 좋아한다. 월급쟁이가 투자자로서 살아가겠다고 마음먹었다는 것, 그것은 안전한 울타리에서 기꺼이 나와 가파른 길을 걸어가겠다는 의미다. 투자를 시작한다면 당신의 앞길에는 온갖 장애물이 새롭게 쌓일 것이다. 시간이 지날수록 처음 생각한 것만큼 꽃길만 펼쳐져 있지 않다는 사실을 절감하게 될 것이다. 내가 무슨 부귀영화를 누리겠다고 이 생고생을 하고 있는지 의구심이 들지도 모른다. 돈에 미쳤냐는 주변의 비아냥을 들을 수도 있다.

그러나 당신은 자유에 좀 더 가까워질 것이다. 언제든지 원하는 시간에 원하는 곳을 갈 수 있는 자유가 생길 것이다. 가격표를 보지 않고 돈을 쓸 수 있을지도 모른다. 돈 때문에 고민했던 걱정거리들이 하나둘 사라져 갈 것이다. 당신이 더욱 많은 일을 해서 얻는 대가가 아니다. 당신의 자본이 일할 수 있도록 만들어주기만 하면 된다. 그러나 이 길이 쉬운 길은 아니다. 투자자로서 첫걸음을 내딛기로 한 당신에게 내가 느낀 바를 좀 더 얘기하고자 한다. 투자자로서 마인드를 세팅하는 데 도움이 될 것이다.

⑤ 당신의 투자는 절대 멈추지 않아야 한다

첫째, 자신이 투자자가 된 이유에 집중하길 바란다. 당신은 부자가 되기로 결심했다. 투자를 시작하게 되면 앞으로 수많은 선택의 갈림길 앞에 서게 될 것이다. 당신이 가는 길을 남들이 결정하도록 놔두지 말기 바란다. 오롯이 자기 결정으로 인생을 열어나가야 한다. 로마의 철학자 세네카는 '인생이 짧은 이유'에 대해서 다음과 같이 얘기했다.

"사람들이 자기 재산은 아무도 차지하지 못하게 하고 경계의 문제로 사소한 분쟁만 생겨도 달려가 돌이나 무기를 집어 들면서도, 남들이 자기 인생 안으로 끼어드는 것은 내버려두거나 심지어 자기 인생을 차지하게 될 사람들을 자청하여 불러들이는 것을 어떻게 이해할 수 있겠어요?"

세네카는 인생은 단순히 흘러간 시간으로 구성된 것이 아니라, 얼마나 본인이 스스로에게 집중적으로 사용했느냐가 중요하다고 말했다. 살면서 얼마나 많은 시간을 남으로 인해 낭비하고 있는지 돌아보아야 한다.

월급쟁이가 투자로 부자가 되기로 마음을 먹었다면 자기 인생에만 오롯이 집중하는 자세를 가져야 한다. 내가 투자를 본격적으로 시작하면서 힘들었던 것들 중 하나가 주변의 싸늘한 반응이었다. 주식 공부를 열심히 하는데도 수익이 잘 나지 않자 친구들에게 "그렇게 열심히 하는데 왜 돈을 못 버냐?"라는 비아냥을 듣기도 했고, 부동산 투자를 하기 위해서 열심히 현장을 돌아다니는 도중 "가족 내팽개치고 밖으로 싸돌아다닌다"는 비난을 받기도 했다.

아직도 투자는 너무나 위험한 것이라고 믿는 주변사람들의 걱정이 당신의 한걸음을 막아설 수도 있다. 그러나 남들이 당신의 인생을 차지하게 내버려 두지 말기를 바란다. 당신의 인생은 당신이 만들어 가는 것이다. 끝까지 포기하지 않고 자신에게 집중하여 몰두한다면 반드시 좋은 결과를 얻을 수 있을 것이다.

💲 인내하지 못한다면 성공할 수 없다

둘째, 인내하고 또 인내해야 한다. 투자는 장기적인 게임이며 의미

있는 결과를 보려면 시간이 걸린다는 사실을 이해해야 한다. 투자를 시작하자마자 쉽게 돈을 벌 수 있을 것이라는 환상을 버리자. 실패는 자연스럽게 투자자를 따라온다. 나 역시 13년을 투자자로 살아오면서 이불킥을 수십 번 날릴 만한 굴욕의 나날을 맛보았다. 손절을 거듭하고, 좌절로 괴로웠던 시간을 나열하자면 끝이 없다. 그러나 아직까지 포기하지 않고, 직장과 투자를 병행하며 살아가고 있다. 나 스스로 만들어가는 이 길이 올바른 길이라고 믿기 때문이다.

투자자들이 부자가 되기 위해서는 어떤 능력이 가장 필요할까? 바로 인내다. 실패의 좌절감과 장기투자의 지루함을 이겨내며 꾸준히 실행하는 것이 무엇보다 중요하다. 시중에는 많은 성공 원칙에 대한 강의가 있다. 많은 사람들이 성공의 비법을 보고 배우려 하지만, 실질적으로 성공하는 사람은 정말 극소수에 불과하다. 실제로 성공한 사람들의 비결은 오랜 기간 원칙을 수행할 수 있는 인내심에 있었다. 성공의 방식을 오랫동안 지속한 사람들만이 성공했다.

인내심을 오랜 기간 유지하기 위해서는 미래에 대한 청사진이 제대로 그려져 있어야 한다. 그래야만 필연적으로 찾아오는 어려운 투자 구간에서도 미래의 보상을 기다릴 수 있다. 먼저 당신이 되고자 하는 바에 대해서 충분히 상세하게 그려보는 자세가 필요하다. 그리고 그 모습을 이루었을 때를 상상하며 당장의 어려움을 보란 듯이 이겨낼 필요가 있다.

💲 조급함을 버리고 FOMO에서 벗어나자

셋째, FOMO(Fear Of Missing Out)는 당신의 투자를 망치는 주범이라는 사실을 기억하라. 우리나라에서 코로나 팬데믹 이후 자산의 증식이 급격하게 늘어나면서 '벼락거지'라는 신조어가 만들어졌다. 이에 마음이 조급해진 사람들이 뒤늦게 자산시장에 뛰어들어 현재 고통받고 있다. FOMO는 절제된 투자전략을 고수하는 대신 충동적인 결정을 내리도록 유도한다. 자신의 건전한 투자원칙을 지키는 것만이 장기적으로 시장에서 살아남는 방법임을 반드시 기억하길 바란다. 다음 3가지 팁을 기억한다면 FOMO를 벗어날 수 있을 것이다.

① 명확한 투자계획을 세우고 실행하라.
② 무조건적으로 군중을 따라가지 말라.
③ 장기적으로 생각하고 집중하라.

세상에 일확천금을 쉽게 얻는 사람은 극소수다. 마치 로또복권 당첨처럼 말이다. 투자자들이 실제로 증명되지도 않은 남들의 무용담 때문에 자신의 투자를 망쳐버리는 것만큼 안타까운 일은 없다. 당신이 가진 신념대로 투자를 계속해 나가길 바란다. 방향만 맞는다면 시간문제일 뿐, 월급쟁이도 충분한 부를 이룰 수 있다.

스페설
단계

월급쟁이지만,
당신도 부자가 될 수 있다!

부자들은 자본주의에 대해 충분히 이해하고 있다

부자들은 행동할 줄 알고, 그 행동에 책임을 질 줄 안다

부자들은 꾸준히 밀고 나갈 줄 안다

대부분의 부자들은 돈에 대한 긍정적인 관점을 갖고 있다

지름길만 찾지 말고 다양한 경험을 반복하면서

무너지지 않는 부의 성을 쌓아가라

부자가 되기 위한 가장 중요한 준비물은 다름아닌 '마음가짐'이다

아무리 좋은 기술을 가졌더라도 쓰는 이의 마음이 흔들린다면

제대로 된 실력 발휘는 요원한 일이 되고 만다

자산가로 성장하기 위한 나만의 철학을 만들어가자

그리고 투자는 절대 멈추지 않아야 한다

최종 목표는 아무것도 하지 않는 것이다

모두가 자유를 원한다. 자본주의 사회에서 자유롭고 싶다면 돈이 있어야 한다. 기본적인 의식주를 해결하는 수준의 돈은 필연적으로 벌어야 한다. 춥고 배고픈 자유는 없기 때문이다. 그러나 이런 돈은 현재의 만족만을 충족시킬 뿐이다. 미래의 자유에 대한 대비 역시 필요하다. 그래서 오늘도 수많은 월급쟁이들은 열심히 일을 하며 돈을 번다. 그러나 무조건 열심히 일만 한다고 해서 경제적으로 자유로울 수는 없다.

경제적 자유로 가는 과정은 몇 가지 단계를 거쳐야 한다. 대부분 처음엔 그 기반이 없기 때문에 나의 몸으로 돈을 번다. 직장에 취직해 월급을 받거나, 능력이 있다면 내가 가진 지식이나 재산을 활용하여 창업을 해도 좋다. 투잡 개념으로 직장생활과 부업을 동시에 진행한다면 돈이 모이는 속도가 더 빨라진다. 그러나 결과적으로 이는 모두 내 노동력을 활용하는 일이다. 우리는 궁극적으로 우리의 노동력이 아닌 자산으로 돈을 버는 단계로 나아가야 한다.

월급쟁이로서 돈을 버는 것은 가장 기본 단계이다. 이는 내 시간과 돈이 1대1로 맞교환되는 개념이다. 정해진 계약에 따라서 하루 8시간씩 한 달 내내 일해야 월급이 나온다. 이 단계의 노동력은 매우 정직하다. 정확히 일하는 만큼 돈이 된다. 노동력을 줄이기는 어렵고 버는 돈의 확장성은 적다. 월급쟁이가 추가 근무를 엄청나게 한다고 해서 받는 돈이 기하급수적으로 늘어나지는 않는다. 경제적 자유를 위해서는 이 단계를 최대한 빨리 탈출해야 한다.

부업 역시 노동력이 들어가는 단계이다. 그러나 부업의 진행 정도에 따라서 내 노동력이 들어가는 시간을 줄일 수 있다는 장점이 있다. 이 단계에서는 초기에 시스템 자체를 만들어야 하기에 상대적으로 많은 노동력이 들어간다. 지식창업이라면 커리큘럼을 짜고 강의안을 만들어야 한다. 온라인 쇼핑몰이라면 스토어 만들기부터 시작하여 유통 방법을 고민해야 한다. 편의점 등의 프랜차이즈 창업 역시 마찬가지다. 초기 투자를 위한 비용이나 시간이 든다.

어느 정도 시스템이 만들어지면 월급을 받는 것보다는 효율적인 돈 벌기가 된다. 시스템이 구축되고 나면 고객이 늘어나는 만큼 내 수익이 비례해서 올라간다. 여기서 더 발전하면 비즈니스 단계로 넘어가서 사업체를 가지게 된다. 대부분의 일을 위임하여 내가 직접적으로 관여하는 일을 줄여나갈 수 있다. 이렇게 되면 내 노동력이 현저히 줄어든다.

위의 단계가 내 노동이 돈을 벌어오는 단계라면 다음은 돈이 돈을 벌어오는 단계이다. 소위 부동산이나 주식에 투자하여 돈을 버는 방식이다. 이 단계가 되면 이제 노동력에서는 어느 정도 해방되어 내가 원하는 대로 살아가는 자유로움을 느낄 수 있다.

자산에 투자했다는 것은 나를 대신하여 일하는 일꾼들을 고용했다는 의미. 주식에 투자하면 기업의 주인이 되는 것이다. 기업의 직원들이 열심히 일해서 높은 수익을 창출하면 내가 산 기업의 주식가격이 오른다. 부동산 역시 마찬가지다. 세입자들에게 집을 빌려주고 임대료를 받거나 장기적으로 부동산 가격 상승의 몫을 취할 수 있다.

이 단계에서도 주식을 사고파는 트레이딩이나 부동산 및 임차인 관리 등의 소소한 노동력은 들어가야 한다. 그러나 내 노동력으로 돈을 버는 단계에 비해 비교가 안 될 정도의 시간적인 여유를 가질 수 있다.

이 단계에서 남는 노동력을 활용하여 또 다른 노동소득을 창출하는 사람들도 있다. 복합적인 노동소득과 투자해 놓은 자산에서 나오는 소득이 합쳐져서 자산을 폭발적으로 늘릴 수 있는 시기다.

그러나 우리가 도달해야 할 진정한 자유는 무노동의 단계이다. 이는 완전한 무노동, 경제적 생존을 목적으로 아무것도 하지 않는 단계를 말한다. 더 이상 세입자를 관리하거나 주식을 트레이딩하는 작은 노동도 들지 않는다. 모든 소득 창출이 기업의 배당금에서 나온다. 분기마다 혹은 매월 들어오는 배당금으로만 생활비용을 충분히 감당 가능한 수준을 말한다.

이 단계에서 주의할 점은 단순히 배당률만 높은 자산을 보유하면 안 된다는 것이다. 충분한 배당으로 현금흐름을 만들어주면서 주가 상승도 함께 일어나는 자산을 사야 한다.

예를 들어 미국 시장에 상장된 SPHD나 JEPI 같은 ETF에 투자할 수 있다. Dividend.com에 따르면 23년 2월 말을 기준으로 SPHD(SPHD Invesco S&P 500 High Dividend Low Volatility ETF)는 배당수익률이 연 3.96%, JEPI(JPMorgan Equity Premium Income ETF)는 9.82%다. 이런 배당형 ETF를 10억 정도 보유하고 있다면 배당세를 제외하고도 웬만한 월급쟁이들의 월급만큼 돈이 들어온다. SPHD의 경우는 JEPI에 비하여 배당률은 낮지만 주가가 꾸준히 우상향하기 때문에 배당금을 전부 생활비로 사용해도 자산은 절로 늘어나게 된다. 주가 하락 시에도 시장 대비 하락률이 적기 때문에 배당을 받으며 상승장까지 생활해도 전혀 문제가 없다.

이 마지막 단계에 다다르면 투자에서도 딱히 노동이 들어갈 일이 없다. 들어온 배당금을 한국 원화로 환전하거나 배당소득세를 내는 것이 전부다. 임대를 준 세입자로부터 연락 오는 일도 없으며, 주식을 사고파는 타이밍을 보느라 마음고생하지 않아도 된다.

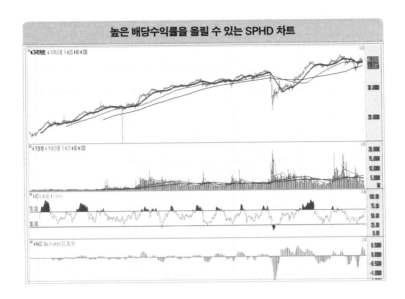

높은 배당수익률을 올릴 수 있는 SPHD 차트

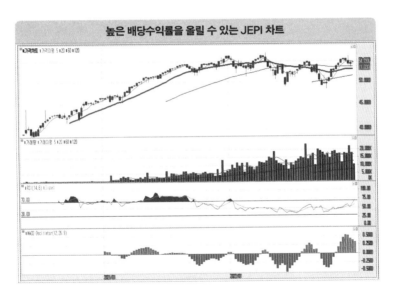

높은 배당수익률을 올릴 수 있는 JEPI 차트

경제적으로는 아무것도 하지 않아도 되는 진정한 자유에 다다르는 단계다. 이때부터는 나의 시간을 오롯이 내 마음대로 사용할 수 있다.

　우리가 돈을 버는 이유는 아무 걱정 없이 원하는 대로 살기 위해서다. 하지만 돈 모으는 것 자체가 인생의 목표가 될 수는 없다. 마지막 단계에 다다른 월급쟁이 투자자들은 자신이 정말로 원하는 삶을 살 수 있다. 직장에서의 은퇴 역시 고려할 수 있을 것이다. 경제적으로 어려움이 없어지면 사람은 각각 자신이 생각하는 가장 소중한 가치를 찾아서 살게 된다. 이 책을 통해 자본주의의 특성을 제대로 파악하고 경제적인 자유를 얻어 당신의 가치 있는 삶을 찾아가기를 진심으로 기원한다. 월급쟁이도 할 수 있다!

제로부터 차근차근 시작하는
월급쟁이 부의 3단계

1판 1쇄 인쇄 2023년 05월 10일
1판 1쇄 발행 2023년 06월 01일

지은이 디디에셋
펴낸이 박현
펴낸곳 트러스트북스
등록번호 제2014 - 000225호
등록일자 2013년 12월 3일
주소 서울시 마포구 성미산로1길 5 백옥빌딩 202호
전화 (02) 322 - 3409
팩스 (02) 6933 - 6505
이메일 trustbooks@naver.com

ⓒ 2023 디디에셋

값 18,000원
ISBN 979-11-92218-70-0 03320

믿고 보는 책, 트러스트북스는 독자 여러분의 의견을 소중히 여기며,
출판에 뜻이 있는 분들의 원고를 기다리고 있습니다.